Google
店舗集客
ガイドブック

蓮池林太郎 著

セルバ出版

はじめに

スマートフォン（以下、スマホと略称します）の普及により、店舗をスマホで探し、来店する人が急速に増えています。

それにもかかわらず、店舗側のインターネットに関する施策といえば、ホームページを構える程度で、スマホ経由での集客に力を入れているところはほとんどありません。

これからの情報社会、そして誰もがスマホを持ち歩く時代において、店舗へ足を運んでもらって初めて売上が見込める業種であれば、インターネット集客にはこれまで以上に力を注ぐべきなのです。

「やる」と「やらない」では大きな差が生まれることを、私自身がインターネット集客を行っていくなかで痛感しています。

これまで私は、スマホを利用して経営する医院へ訪れてくださる方を増やし、経営を上向かせるため、インターネット上での情報収集はもちろん、専門家と直接出会って情報交換をし、インターネットマーケティングのセミナーにも参加するなど、本業のクリニック経営だけでなく、積極的にインターネット集客の研究を続けてきました。

現在は、当院のインターネット経由での来院実績もあり、開業医や店舗ビジネスのオーナー・ウェブ担当者向けに、インターネット集客についてのコンサルティングを、無償で行うまでになっています。

私のところへ相談に来た、ある店舗ビジネスオーナーは、私のコンサルティングによって、インターネット集客を内製するようになりました。契約していた大手予約サイトを解約し、月のコストを軽減させる一方で、これまで以上にインターネット集客を伸ばすことに成功したのです。

士業や飲食業、サロンや教育など（図表1）、業種カテゴリーはじつに1000種類以上にもなるといわれていますが、これら店舗ビジネスを営む方に、インターネット集客の方法を学んでいただき、いま紹介した店舗オーナーのように、近隣の競合と差をつける術を身につけていただくことが、本書の目的です。

無理のない範囲の、「ちょっとした策」をインターネット上で講じることで、店舗ビジネスは大きな飛躍を遂げることができるのですが、現状、そこまで有益な情報が広まることはなく、また、独自で最新の情報やノウハウを提供する専門の業者がいないのも悩みどころです。

なぜ店舗ビジネス専門のインターネット関連業者が少ないのかというと、市場規模が小さいことが理由にあげられるでしょう。

全国展開するようなチェーン店であれば、本部でインターネット集客の専門家を雇用していたり、外部のインターネットマーケティング会社と専属契約していることがほとんどです。そのため、最新かつ画期的なノウハウが外に出ることはなく、しかもインターネット関連業者はそういった大手と契約することが第一と考え、大きな収益の見込めない小口に対しての営業は控えめになっているのが現状です。

したがって、今後も、小規模店舗ビジネスに効果的なインターネット集客術についてコンサルティングする業者というのは、増えていかないと思われます。

私はおせっかい焼きな性格なので、無償で相談に乗っているのですが、私みたいな人がいない限り、本業の忙しい店舗オーナーが、効果的なインターネット集客の術を学び、実践する機会は生まれることもないわけです。

私のような、インターネット関連情報を積極的に収集していて、実践も得意としている友人が周りにいなければ、インターネット集客で売上アップを達成することなどなかなか難しいといっても過言ではありません。

本書を介して、私がそのようなあなたの心強い「友人」になれれば。そういう思いも込めて、私は本原稿を執筆しています。

情報があふれ返りすぎて、何を信じてやっていけばいいのか迷ってしまう現代です。

本書では、費用対効果が抜群で、集客に大きな影響をもたらしてくれる、大事な施策に絞って、読みやすさを重視して話を進めていきます。専門用語はなるべく使わず、重要性の低い施策はあえて省いていますので、完全なインターネット初心者向けの本に仕上げています。

私の経営する医院や、コンサルティングした店舗で実際にやってみて効果の出た施策ばかりなので、あなたの店舗にも大きな貢献をもたらすことは間違いないでしょう。

内容は、大まかに、キーワード検索で上位に来る方法、効果的な広告の利用法、口コミの管理法、そして業者に騙されないための心得などについて、インターネット知識がゼロの方でもわかるように解説しています。

なお、キーワード検索サービスには大きくグーグルとヤフーの2つがありますが、本書ではもっとも利用者率が高いとされている、グーグル検索を中心に、インターネット集客を説明します。

また、グーグルの提供するサービスは常にアップデートを続けているので、仕様や使い方も日々進化しています。本書で紹介している具体的な方法については、2021年5月時点でのものであることを、ご了承ください。

より多くの顧客に選ばれ、繁盛店になるために、本書をぜひともお役立てください。

2021年5月

蓮池　林太郎

【図表1　インターネット集客をおすすめしたい代表的な店舗ビジネス】

医療	内科、歯科、小児科、接骨院　など
士業	弁護士、税理士、会計士　など
飲食	レストラン、居酒屋、カフェ　など
美容	美容室、理容室、エステ　など
小売・サービス	花屋、電気屋、クリーニング店　など
教育	学習塾、英会話、習い事教室　など
整備修繕	工務店、水漏れ修理、鍵修理　など

上記の業種以外にも、さまざまな店舗ビジネスがスマホ検索で探されています。

Google店舗集客ガイドブック　目次

第3章 目指せ地図検索3位以内

第4章　インターネット上に広告を出そう

第5章　大切にしたい口コミマネジメント

第6章　こんな業者にご注意を

おわりに

第1章

インターネットで店舗を見つけてもらう工夫してますか?

1　インターネット集客は、ちょっとやるだけで劇的に変わる

インターネット経由で1日100人の新規利用者が

私は2009年、大都会新宿のど真ん中に、医師1人（私）事務1人の計2人でクリニックを開院しました。

世界一の乗降客数を誇る新宿駅ですから、クリニックも当然のように大激戦区です。競合の医院は山ほどあり、開院時の私は28歳という若さもあって、業界関係者からは「地盤もないし、経営していくのはなかなか難しいのではないか」と心配されていました。生半可な気持ちでは絶対にうまくいかないという覚悟をした上で、新宿でのクリニック経営に臨んだのです。

競合の医院に打ち勝つため、医療技術や設備だけでなく、ほかにも強みを持っておくべきだと私は常々感じていました。

まず、準備段階から私が力を入れていたのは、インターネットによる集患活動でした。開院前にホームページを開設、情報を公開し、「新宿　内科」で検索すると検索結果画面の上位に表示されるような工夫を凝らしました。

積み重ねてきたインターネット施策が功を奏し、開院当初から多くの患者さまに来院していただけ、インターネット集患を強みとした医院として、当院は着実に実績を積み上げることができまし

た。現在当院では、１日およそ１００人の新規患者さまが、インターネット経由で来院されるまでに成長しています。

この１００人という数字は、私がインターネットに力を入れていただけでなく、新宿という土地柄もあったおかげの成果といえます。ただ、ここで大事なのは数字そのものではありません。インターネットで「ちょっとの策」を講じるだけで、無名の状態からの店舗経営スタートであっても、これほどの新規利用者を集めることができるという事実がポイントなのです。

経験に基づいた効果的アドバイス

医療施設という、地域に根づいた経営を行うのがモットーとされる実店舗を開き、自らインターネット施策を講じて多数の利用者を集めた実績経験をきっかけに、インターネット集客術に興味を持った私は、その後も多方面にアンテナを張ってインターネット関連のアイデアを吸収するようになりました。新しいノウハウを見つけては、実際に自身の医院で試し、効果を計測した回数も数えきれません。

かなりマニアックな知識も増え、効果のある施策も知っているので、ときに周りには「本業は、医者ではなく、インターネット集客・集患のマネジメントです」と冗談をいうほどです。

実際のところ、店舗のインターネット集客に特化していることもあり、全体の知識量そのものに関しては、大規模メディアなどを運営しネットマーケティング専業で行っている人のほうが詳しいかもしれません。

しかし私には、その分を補えるほど、店舗オーナーとして実際にいろいろと試してきたという、机上の空論では積み上げることのできない経験値を有しています。店舗経営において、効果のあるインターネット施策と、そうでない施策を十分に知り、時間やお金の負担を抑えながら、満足のいくインターネット集客を達成させるテクニックを身につけている点が強みです。

いつからか私は、自身のクリニックだけでなく、周りの店舗ビジネスで困っている方の相談にも乗るようにもなりました。

都心のビルで、女性向けサービスを営むある経営者兼施術者の方に相談を受けた際も、「ホームページが検索で上位表示されるようにとことん施策するべき」とアドバイスし、実際に私がホームページをつくる会社との仲立ちをし、構造設計についての指示も出しました。相談者はインターネットに不慣れだったので、私が店舗のウェブ担当者になったようなものです。

結果、新参の店舗でしたが、「地域名　業種名」のキーワードによるインターネット検索で、店舗のホームページを上位に表示させることが叶いました。現在はインターネットを経由した予約が大半を占める盛況ぶりです。

インターネット施策、そしてホームページ制作に力を入れていなければ、これほどの初速を得ることはできなかったことでしょう。

インターネットに不慣れな方でも、ちょっとのアドバイスを受け、ちょっと操作をするだけで、このような成果が見込めるのです。さまざまな店舗経営者にアドバイスするたび、私はインターネットの凄さを思い知らされている次第です。

同時に、高質なサービスを提供している店舗が、インターネット施策を行わなかったばかりに、泣く泣く閉店に追い込まれているという現状を、なんとかしてサポートし救いたいという気持ちにも駆られています。

空中階でも経営が成り立つ

店舗ビジネスというと、通りに面した「1階部分」でないと、経営を軌道に乗せることは至難であるというのが、これまでのセオリーでした。

店舗の提供するサービスがいかに顧客を満足させるものであっても、2階以上のいわゆる「空中階」では、店舗自体の存在を知ってもらう機会が極めて少なく、足を運んでもらえないからです。

しかしインターネットの隆盛にともない、その法則が崩れる傾向にあります。

実際に私のクリニックも2階以上部分の空中階店舗です。通りがかりでクリニックを知って来院する人はほとんどいないにもかかわらず、経営を安定させることに成功しています。

これはまさにインターネット集患の賜物であり、多くの方がスマホを駆使し、地図アプリや当院ホームページの案内を見ながら、当院へ足を運んでくださっているのです。

空中階は見つけられにくい半面、家賃相場が安値傾向という利点があります。

新宿や渋谷などの大都会であれば、駅近くのビル1階ですと、坪単価が5万円から10万円前後と高額です。なかなか採算が取れません。しかし空中階であればこの価格がかなり落ちます。

インターネットの登場により、空中階でも経営が十分に成り立つようになってきました。必ずしも家賃の高い地上階に店舗を構えなくてはいけないわけではなく、コストを抑えながら、利益率の高い経営を実現することができます。

店舗ビジネスにおいては、インターネットの素晴らしさはこの点で大きく感じることができるでしょう。

とくに大都市での空中階店舗ビジネスは、ここ最近、競争が激化し店舗が乱立する傾向にあり、インターネット集客の成果が新規利用者数に比例するようになっている事実を、身をもって感じています。

その分、若干ですが、大都市における駅近くの空中階の家賃も高くなっている傾向があるかもしれません。この点も、インターネットの威力を物語っているといえます。

ちょっとの施策がちょうどいい

大手のチェーン店であれば、インターネット集客の担当者、いわゆる「ウェブ担当」を雇って専念させる余裕があることでしょう。しかし個人や小規模で営まれる店舗ビジネスでは、そうもいきません。新規スタッフを雇うことの経費が、経営を直に圧迫してしまうからです。

よって経営者である店舗オーナー自身や、すでに店舗で働いているスタッフが、インターネット集客を行うことになります。

大切なことは、本来の業務の合間にできるくらいの、「ちょっと」の施策を行うことです。本業とは違って、インターネット集客は完璧主義に走る必要はありません。

分厚い参考書を手にとったり、ちまちまと細かい施策にまで手を出してしまったら、店舗業務が疎かになってしまうことも考えられ本末転倒です。しかもそれら大量の施策の９割は、ほとんど効果の感じられないまま終わってしまうことでしょう。

参考書に載っているアドバイスの多くが、机上の空論に過ぎず、また一般的な話にとどまっているため、個々の業種で必ずしも役立つとはいえないからです。

本書では、店舗ビジネスオーナー向けに、「ちょっと」ながら効果のある施策によって、インターネット経由での集客を増やし、ライバルと差をつける術を身につけていただくことを目的とします。すなわち、必要最低限で低予算、誰でも簡単にできて費用対効果の高い施策を、わかりやすく紹介することに努めています。

私が実際にやってきて、またコンサルタントとして周りの店舗オーナーにアドバイスしていく中で得られてきた、洗練された教訓たちなので、あなたの店舗ビジネスにもきっと劇的な変化をもたらしてくれることでしょう。

最後までどうぞお付き合いください。

2　顧客はどのようにして店を探しているのか

対面型ビジネスの将来性

近年、パソコンやスマホが普及して、ライフスタイルは大きく変わりました。アマゾンや楽天市場などのインターネット通販が、デパートやショッピングセンターといった従来の小売業と競合し、業種によってはビジネスモデルの転換を迫られるようになっています。

その一方で、飲食店や美容院などの店舗ビジネスは、顧客が実際に店舗に足を運ぶことで始まる対面型のビジネスですから、インターネット通販の勢いに圧倒されてしまう可能性は、今のところはありません。

私の経営するクリニックのような医療施設もその1つです。将来もしかしたらインターネットだけで完結する遠隔診断が登場するかもしれませんが、そのような新鋭の技術が普及するのは、まだ先の話になると予想されます。

飲食を提供する飲食店、髪を切る理髪店、手技を施すマッサージ店、お稽古をする教室など、顧客が店舗に来なければ成立しない店舗は、まだまだ安泰だということです。

加えてインターネットの集客力を味方につければ、事業を継続させるだけでなく、ますます加速させることも可能なのです。

「地域名　業種名」や「業種名」で検索する

店舗ビジネスを利用する顧客は、自宅や職場、現在地などから、近隣の店舗を探すことになるので、店舗オーナーから見れば同じ地域の「同業他店舗」がライバルです。

この事実自体はいまも昔も変わりませんが、探す方法は年々変わってきています。かつてはタウンページが主力となっていた時代もありましたが、現在はインターネットを用いた探し方が主流です。自店舗のホームページを持っていることは大前提というわけです。

よほどの大都市やマイナーな業種でない限り、電車社会であれば最寄駅の周辺、車社会であれば同じ区域内にある店舗が、直接的な競合になります。

そして、ここが大事なことですが、近隣の競合に打ち勝つためのインターネット集客活動をするのなら、つぎのたった1つのことにこだわればいいことになります。

「自店舗を他店舗よりも先に知ってもらう」

たとえクオリティの面でこちらが勝っていたとしても、自店舗を知られることなく他店舗へ足を運ばれてしまったら、集客の機会を逃し、経営は立ち行かなくなってしまいます。ですから、何よりもまず、自店舗をいち早く知ってもらうための施策を徹底するべきなのです。

それでは、自店舗を知ってもらうために、「具体的に何をするのか」ですが、前述の通り、現在多くの方が店舗をスマホで探しています。

さらに、スマホを使ってどのように操作しているのかですが、グーグルやヤフーなどのインターネット検索サイトを利用しています。

要するに、スマホを使っているユーザーは、「地域名　業種名」や「業種名」のキーワードで、店舗を検索しているのです。

たとえば「新宿　内科」や「梅田　美容室」といった具合です。内装を請け負う工務店を探すのであれば「福岡　内装」といったようなキーワードで検索をかけることでしょう。

スマホを使って現在地近くの店舗を探す場合は、「内科」「ランチ」などよりダイレクトなワードのみで検索をすることもあります。

スマホには位置情報システムが搭載されており、この機能がオン設定になっているなら、業種名のみのダイレクトなワードで検索するだけで、最寄りの店舗を絞り出してくれる仕様になっています。

要するに、自店舗のことをいち早く知ってもらう具体的な方法とは、このインターネット検索結果において、他店舗よりも先に気づいてもらえるような仕掛けを施すことに他ならないのです。

ちなみに、もしこれから店舗を開くという方は、店名あるいは屋号に地域名や業種名を入れることが、インターネット集客ではたいへん有利です。その理由についても、これからくわしく説明していきます。

業種によっては、わざわざ店舗名を、地域名や業種名にちなんだものに変えるところも出るくらい、インターネット経由での集客は重要となっています。

3　検索結果の3つの枠を知ろう

実際に検索してみよう

実際にインターネットを使ってキーワードを検索してもらうとわかるのですが、検索結果には「広告枠」「地図検索枠」「自然検索枠」、3つの枠が上記の順番で表示されるのが基本となっています。

手元のパソコンやスマホで検索してみてください。検索キーワードは「ランチ」でも「病院」でもなんでも、店舗業種であればかまいません。広告枠が表示されるかどうかは場合によりけりですが、地図検索枠と自然検索枠は表示されるはずです。

ここでは各枠についての基本事項をおさえておきましょう（図表2）。

入札式の広告枠

検索結果画面に表示される広告は、「検索連動型広告（リスティング広告）」といいます。店舗側（あるいは店舗に委託されたホームページ制作管理会社や広告代理店など）があらかじめキーワード設定して入札しておき、その設定したキーワードが検索されることで広告が表示され、クリック（スマホの場合は「タップ」とも呼びますが、本書では「クリック」に統一します）し店舗ホームページに訪れることで費用が発生します。クリックされない限り費用は発生しません。

【図表２　検索結果の３つの枠】

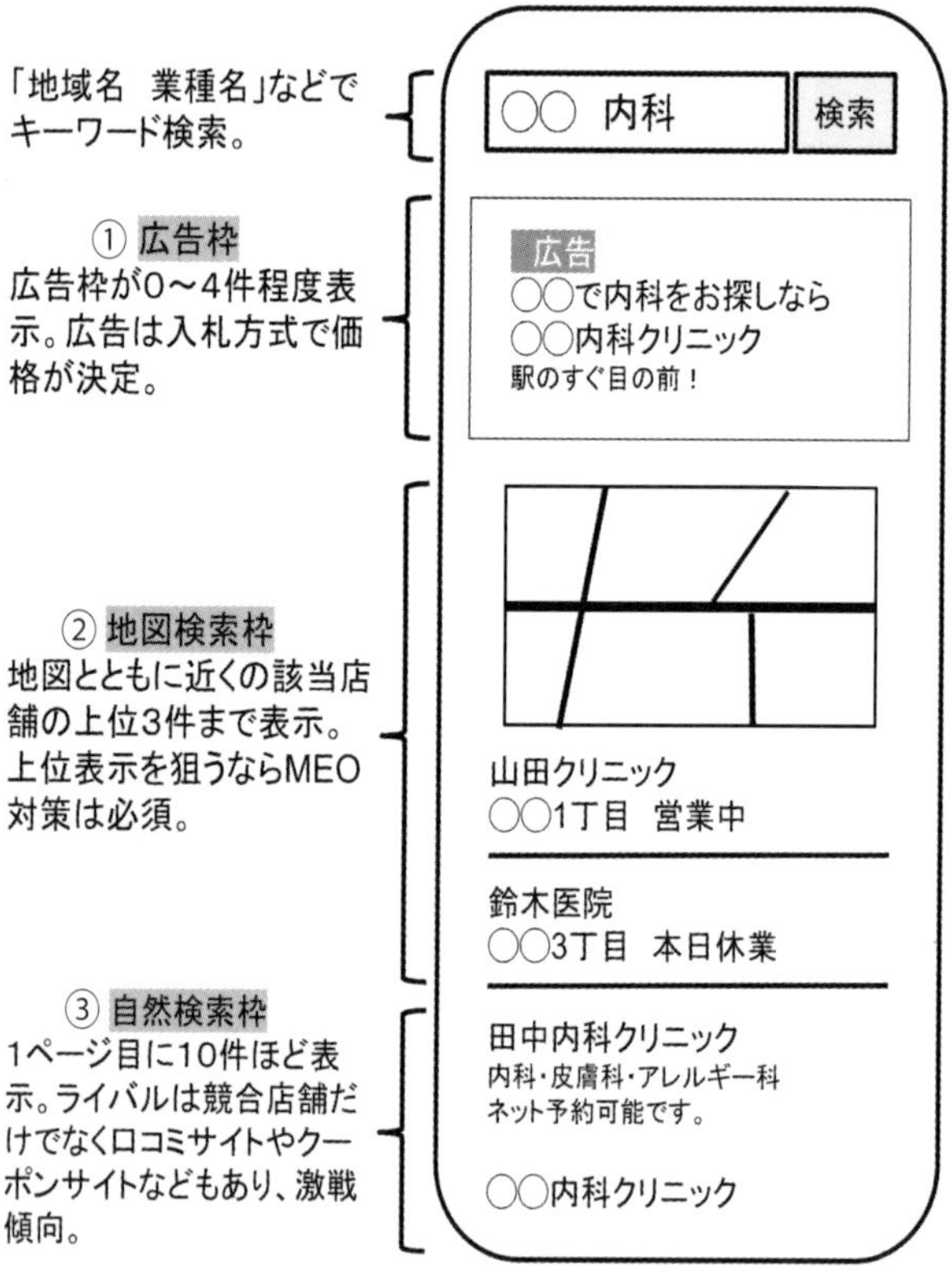
「地域名　業種名」などでキーワード検索。
① 広告枠
広告枠が0～4件程度表示。広告は入札方式で価格が決定。
② 地図検索枠
地図とともに近くの該当店舗の上位3件まで表示。上位表示を狙うならMEO対策は必須。
③ 自然検索枠
1ページ目に10件ほど表示。ライバルは競合店舗だけでなく口コミサイトやクーポンサイトなどもあり、激戦傾向。
○○　内科
検索
広告
○○で内科をお探しなら
○○内科クリニック
駅のすぐ目の前！
山田クリニック
○○1丁目　営業中
鈴木医院
○○3丁目　本日休業
田中内科クリニック
内科・皮膚科・アレルギー科
ネット予約可能です。
○○内科クリニック

広告が掲載される場合、だいたい1から4個まで表示されますが、入札している競合が多いキーワードほど、多くの広告が表示されやすい傾向にあり、競争が激しいため広告掲載に必要な価格も高くなります。もちろん、誰も入札設定していなければ、広告が表示されることはありません。

この検索連動型の広告枠について、入札の仕組みや費用設定についてなどは、第4章でくわしく説明します。

自然検索枠

検索結果画面では、広告枠のつぎに地図検索枠が表示される傾向ですが、ここでは都合上、自然検索枠を先に解説します。

検索結果画面には、自然検索の結果が1位から10位ほどまで表示されます。「10件なら、自分の店舗も表示されるだろう」と安心してはいけません。検索結果からクリックされやすいのはせいぜい上位5件くらいまでで、6位以下はほとんどクリックされません。しかも自然検索結果は、競合店舗だけでなく、口コミサイトやクーポンサイト、ニュースサイトなども対象となるため、利用者数の多い大手ライバルサイトとも戦わなければいけないのです。ホームページ施策がうまく行えていないと、検索結果の1ページ目にすら名前が並ばない可能性もあります。

激戦区では3位以内に入るのも至難の技ですが、1つでも上位に食い込めるような工夫を施すことが大切です。この努力が、先ほどの地図検索にもよい影響を与えることもあります。

このような自然検索で上位表示させるための対策はSEO（Search Engine Optimization：検索エンジン最適化）と呼ばれています。こちらは次章の第2章にて説明します。

地図検索枠

ここ最近、検索結果画面には、地図検索の結果も表示されるようになりました。本稿を書いている時点では1位から3位までの店舗が、地図と一緒に表示されるのが、グーグル検索における一般的な仕様となっています。

今後もバージョンアップが行われるかもしれませんが、4位以下になってしまうと地図検索結果に表示されず、店舗の存在を地図上で顧客に知らせることはできません。3位以内に入るための施策を、各店舗がこぞって行っているのが、最近の店舗インターネット集客のトレンドです。

このように、地図検索で上位表示させるための施策のことを、ローカルSEO、またはMEO（Map Engine Optimization：マップエンジン最適化）と呼んでいます。くわしくは第3章で説明します。

また、「グーグルマップ」や「ヤフーマップ」といった地図アプリ上で検索をして、店舗を探す人が年々増えています。

本書内においては、検索サイトにてキーワード検索した結果として出てくる地図検索と、地図マップを使った検索、両方を合わせて「地図検索」と定義し、説明していきます。

4　グーグルを味方にする

対策はグーグルに集中しよう

検索エンジンにはグーグルとヤフーの二大巨頭があります。

グーグルとヤフーで同キーワードにて検索した際、自然検索の結果はほぼ同じで、地図検索の結果は両者で異なります。地図検索はそれぞれ違った評価基準で順位が決まっているようです。

ちなみに検索エンジンのシェアとしては、グーグル検索が圧倒的です。検索をする人の7割近くが、グーグルを使っているというデータも出ているほどです。

ということは、簡単な話で、自然検索にしろ地図検索にしろ、グーグルで上位を目指せばいいことになります。そうすれば必然と、ヤフー検索でも上位を狙うことができます。

グーグルはユーザーに良質な体験を提供したい

ここで、グーグルが検索サービスを提供することの「意図」を考えてみましょう。

グーグルは、ユーザーがキーワード検索し、サイトを閲覧して、実際に店舗に訪れるという流れの中で、「良質な体験」をユーザーに提供し、大きな満足を得てほしいと考えています。

つまり、グーグルの検索を窓口にして、ハイクオリティな店舗へと導きたいと思っているのです。

そのために、自然検索や地図検索、そして広告においても、優れた店舗を上位に表示したいというのが、グーグルの狙いであると考えて間違いありません。

ユーザーが良質な体験を得ることは、グーグルへの信頼にも直結します。ユーザーは今後もグーグルのサービスを利用し続け、グーグルの企業価値はさらに高められていくことでしょう。

このグーグルの狙いを、我々店舗側が利用しない手はありません。

グーグルは、ユーザーからの満足度が高く、上位表示への施策を頑張っている店舗を、全面的にバックアップしてくれるのが基本姿勢です。グーグルの威力を味方につけ、大きな集客効果を手に入れましょう。

ときに、「グーグルでうちの店舗を検索すると、悪い口コミの書かれたサイトが上位に来る」とか、「ネガティブな情報ばかり拾ってくるグーグルが憎い」と嘆き、グーグルを目の敵にする店舗オーナーの気持ちはよくわかります。

しかし現実的にはグーグル検索を多くのユーザーが使っていますし、システムに適応した店舗をつくることも、経営していく上で必要なことかもしれません。

グーグルのミッションはポータルサイトの「駆逐」？

現在グーグルは、「グーグルマイビジネス」という、効果的なインターネット集客を達成させるための、店舗向けの無料サービスを提供しています。グーグルマイビジネスについてくわしくは第

3章で説明します。

グーグルはこのサービスを強化することにより、インターネット上に存在する、口コミサイトやレビューサイトといった「ポータルサイト」たちを、「駆逐」しようと目論んでいる、ともいわれています。

なぜなら、このグーグルマイビジネスさえあれば、店舗を探すユーザーに良質な体験を提供することができ、ユーザーが多数存在するポータルサイトを利用する必要はなくなるからです。

グーグルマイビジネスには店舗情報や店舗に関する写真のほか、位置情報も口コミ機能も存在します。今後グーグルマイビジネスはさらに進化し、影響力は増大していき、グーグルのサービスだけですべてが完結するような流れが、より一層、店舗探しの定番へと定着していくことでしょう。

口コミサイトやレビューサイトが全滅する日も、そう遠くはないかもしれません。

グーグルがこれほどグーグルマイビジネスへ入れ込んでいる理由は、おそらく、グーグルの関連会社が自動運転の普及に努めていることも影響しているのでしょう。

自動運転と地図情報には密接な関係があります。グーグルの地図サービスを使って目的地を選び、自動運転でその店舗へと向かう、そんな世界が実現することをグーグルは目指していると予想されます。

このような観点でいえば、今後、店舗ビジネスのインターネット集客に関しては、自然検索よりも地図検索に力を入れていくことで、より効果的な集客が達成できるといえそうです。

ただし地図検索ばかりに集中していても限界があり、自然検索で上位表示されることが地図検索の上位表示につながります。

自然検索と地図検索、両者をうまく活用することで、インターネット集客は効果を発揮します。とにかく、私たちが念頭に置くべきなのは「グーグルを味方にする」という発想です。決して目の敵にしてはいけません。この理念を礎に、インターネットを使った顧客獲得に力を入れましょう。

5　思い込みよりデータを優先する

店舗側と利用者側の認識ギャップ

キーワード検索で店舗を見つけてもらう場合、最優先で参考にするべきなのは検索回数です。お店を探す際、ユーザーは「地域名」と「業種名」をセットにして検索をかけるのが一般的です。

それでは、たとえば、新宿で理容室を探す場合、ユーザーは「新宿　理容室」「新宿　理容院」「新宿　床屋」など、どのキーワードで検索をかけるのがオーソドックスでしょうか。少し、予想してみてください。

結果は図表3にある通りです。あなたの予想通りだったでしょうか、それとも意外でしたでしょうか。実際に細かくデータ分析を行うと、想定とは違った検索回数に驚かされることがしばしばあります。そのビジネスの専門家である店舗オーナーと、ビジネスの素人であるユーザーとの、意識の

【図表3　キーワードと検索ボリューム（データは2020年に抽出）】

キーワード	月間検索ボリューム
新宿　理容室	390
新宿　理容院	20
新宿　床屋	880
新宿　理髪店	140
新宿　床屋　安い	170
新宿　散髪	260

差というものがこの検索回数にデータとしてあられ、実感することができます。

この検索ボリュームというのは、グーグルが提供する「グーグルキーワードプランナー」で抽出しています。基本は大雑把な数字でしかデータを得られませんが、少額でもグーグル広告にて広告運用していれば、くわしいデータを抽出することができます。

インターネット集客を目指す上で、思い込みで施策を講じてはいけません。思い込みで施策を行い、検索回数の少ないキーワードで集客を行っても、時間とお金の無駄に終わってしまいます。

「ホームページのトップにはどういったキーワードを重点的に散りばめようか」

「広告はどういったキーワードで検索されたときに表示されるようにしようか」

と迷ったら、まずは検索回数のデータを集めてから検討するようにしましょう。

また、ユーザーがどのようなキーワード検索を経て、自店舗あるいは自店舗ホームページを訪問しているかを知ることで、地域名や業種名のキーワード選びの参考にすることができます。

こちらも、グーグルの提供する「グーグルアナリティクス」や「グーグルサーチコンソール」で調べたり、あるいはホームページ制作会社にそれらの設定を依頼しているのであれば、尋ねることで教えてもらえます。

「迷ったらデータ」が合言葉

キーワード検索から話を展開しましたが、ここの主題は「データを重視してほしい」ということです。

インターネットの素晴らしいところは、ユーザーに関するさまざまなデータが蓄積されており、条件さえ満たせば気軽に引き出せるという点です。

データは嘘をつきません。ホームページ制作管理会社を探す際も、インターネット広告を打つ際も、上位を目指したい検索キーワードを決める際も、すべてデータを参考にしてから行動しましょう。

言い換えれば、データさえ抽出できていれば、どうすればいいかの正解が見えてきます。迷うことなどないのです。「迷ったらとにかくデータ」を合言葉にし、感覚や思いつきだけで実践することなく、無駄のないインターネット集客を目指していきましょう。

6　インターネット集客３つのやるべきこと

もっとも効果のある集客術を厳選

本章の最後に、ここまでの内容をまとめつつ、今後の章でどのようなことを具体的に伝えていくかを、大まかに解説しておきます。

本書で伝えたいのは、店舗をかまえた対面型ビジネスを営んでいる方に「これだけはしてほしい」という、効果のあるインターネット集客術です。

私が実際にやってみて、集客効果を感じ、現在も続けている施策たちだけを、凝縮してわかりやすさ重視で紹介していきます。

インターネットが苦手な方でも、また本業が忙しい方でも、問題なくできるものばかりなので安心してください。

インターネット集客のためにやるべきことは、大きくつぎの３つになります。

SEO対策で自然検索上位を狙う

検索結果の自然検索枠にて、自店舗のホームページが上位に来るよう目指しましょう。たとえば「福岡駅　ネイルサロン」と検索したとき、なるべく上位にホームページが来るような施策を行います。

ただし、大手のメディアサイトや口コミサイトといったポータルサイトが自然検索の上位に来ることが多いため、検索結果の1ページ目でそのようなサイトと競争することになります。

すでに述べましたが、自然検索上位表示を狙うさまざまな施策のことをSEOと呼びます。SEOの方法として、ホームページに力を入れることが第一となりますが、ホームページの制作や管理については、自作にするか外部に委託するかなど、いくつか選択肢が考えられます。この点は事業の規模や業種、予算に応じてさまざまですので、後ほどくわしく解説します。

MEO対策で地図検索上位を狙う

自然検索と平行して進めていきたいのがMEO、地図検索結果で上位を狙う施策です。具体的には、店舗ビジネスオーナー向けのサービス「グーグルマイビジネス」に登録して、管理していきます。

グーグルは、このサービスに力を入れています。世界中のありとあらゆる店舗を網羅し、世界中の人に、スマホのGPS機能を用いて、地図検索からグーグルマイビジネスの店舗情報や口コミを参考にする「癖」をつけてもらえるよう努めています。

グーグルがなぜこれほど熱を入れているかといえば、地図検索される回数が増えれば増えるほど、その分広告配信する回数も増え、グーグルとしては収益アップにつながるのです。このグーグルの熱心な方向性に、店舗が便乗しない手はありません。

グーグルマイビジネスの施策を行えば行うほど、地図検索で上位に入る可能性が上がります。最終的には、目標設定したキーワードにおいて、上位３位以内表示を目指すことになります。

グーグルマイビジネスの管理は、業者に任せることなく自力でやっていくことを推奨します。さほど難しい操作は求められませんし、本業の合間でも十分にこなしていくことができます。業種や確保できる時間に応じて、管理の範囲や更新の頻度を決めていくといいでしょう。

また SEO 施策を平行に行っていくことで、地図検索上位表示に貢献することができます。すなわち、ホームページのブラッシュアップが、SEO と MEO、どちらにもプラスの影響を与えるということです。

広告で注目度を上げる

「広告」と呼ばれるものはいくつもあります。

街角の看板、新聞の折り込み、電車やタクシー内に掲載する広告もありますし、インターネットの大手メディアサイトなどに広告を仕込むこともあります。最近ではツイッターやラインといった SNS を利用した広告も登場しています。

しかしこれら大々的な広告というのは、地域が限定された店舗ビジネスには適していないというのが、これまで私がさまざまな広告を検討し実践してきた中で感じていることです。

ではどのような広告が効果的かというと、検索連動型の広告です。

これは、「検索結果の3つの枠を知ろう」でも説明した通り、検索結果にだけ表示されるリスティング広告の1つです。

「地域名　業種名」などで検索した人に店舗の広告を見せることで、自分の店を必要としている人に向けて、ダイレクトに効率よく店舗情報を知らせることができます。

これがもっとも、コストを抑えながら、最大効率で集客できる広告方法です。インターネット広告の第一歩として、連動検索型広告は最適です。

ただし、広告をただ打つだけでは、完全な顧客獲得とはなり得ません。広告がクリック（タップ）されて、ホームページを訪れ、さらに内容に満足してくれたら、ユーザーは初めて来店してくれます。

したがって、広告の文言は目を引く魅力的なものであるべきですし、広告の先に待っているホームページの質もよいものでなければいけません。この点、SEOと広告は密接な関係を持っているといえます。

検索連動型広告は、自分で予算をコントロールしながら、自分で配信していくことを推奨していますが、そういった作業が苦手であれば、広告代理店に依頼するのも1つの手です。ただ代理店選びは慎重に行う必要があります。

次章から実践編開始

要するに、地域密着型の店舗オーナーが無理なくインターネット集約をする方法は、ホームページ、グーグルマイビジネス、検索連動型広告、この３つになります。

どれか1つに特化して力を注ぐのもいいですが、図表４にある通り、３つをバランスよく実践していくことで、それぞれの相乗効果が高まっていき、大きな集客効果を得ることができます。

SEOやMEOなど、一見すると難しそうな言葉に感じられますが、やることは非常にシンプルかつ簡単です。インターネットでこれらのワードを調べると、詳しい解説が書いてありますが、すべてを理解する必要はありません。

インターネット集客の３つの施策はあくまで道具であり、道具の構造や仕組みを理解する必要はありません。道具の使い方さえ知っていれば、問題なくインターネット集客が達成できます。

慣れてしまえば、ほとんど時間を取られることなく、小さな負担で集客が行えます。たとえば検索連動型広告は、最初こそセッティングは必要ですが、安定してくれればほとんど放置で構いません。自動的に広告が表示され、新規顧客に店舗を気づいてもらえるきっかけをつくることができます。

ホームページやグーグルマイビジネスは定期的な管理が必要ですが、自身の時間的な余裕や予算に応じて、調整することができます。心身の負担になるまでやる必要はないので安心してください。

次章よりいよいよ、具体的な実践手順を説明します。難しいものはなるべく排除し、最低限のものに絞っていくので、本書で紹介することは、ぜひ一度はチャレンジしてみてください。

【図表4　3つのインターネット集客術の関係】

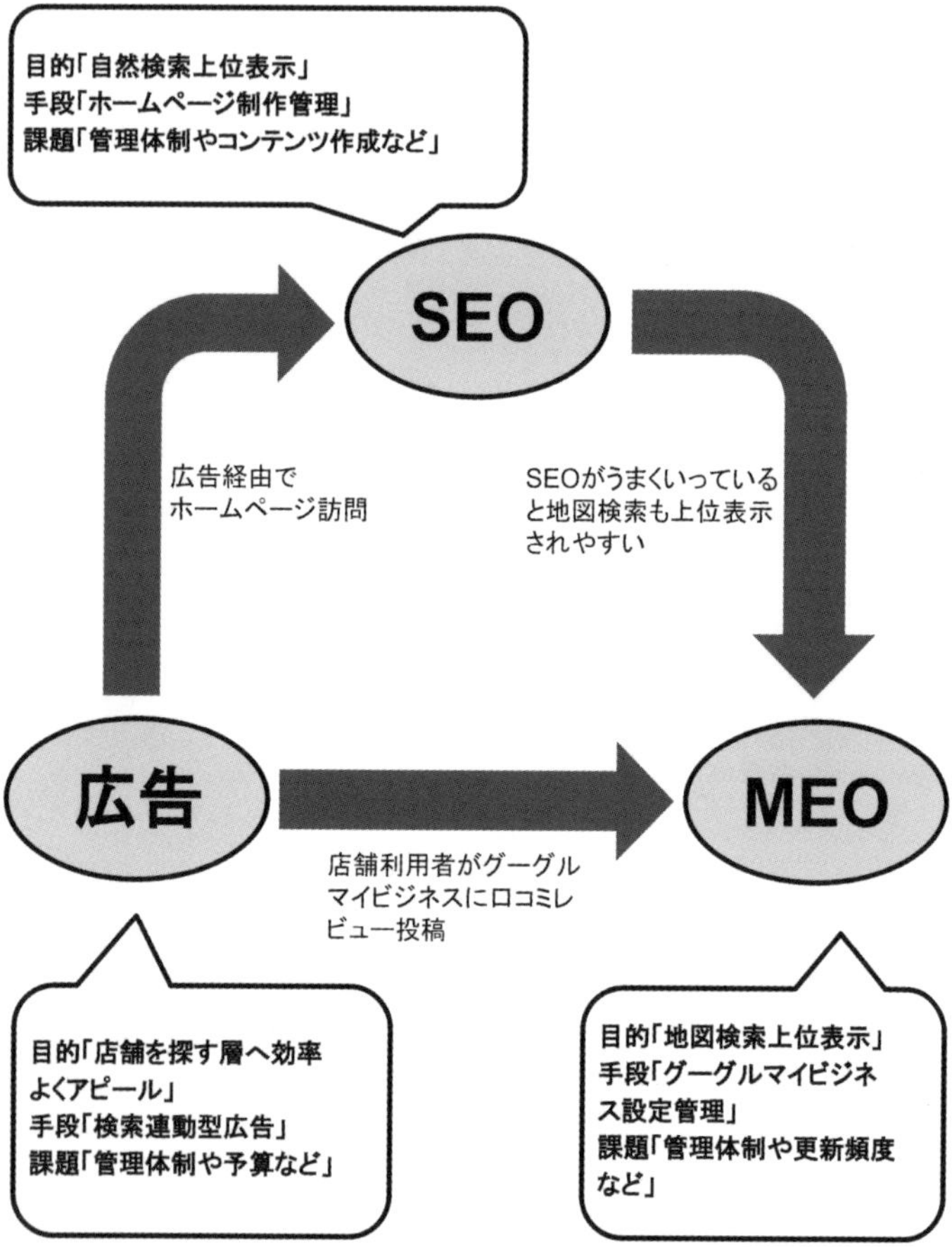

SEO、MEO、広告。３つを実践していくことで、大きな集客効果が得られます。

第2章

グーグルも認める高品質のホームページをつくろう

1　ホームページをつくる意味

上位表示される店とされない店に広がる格差

パソコンやスマホ経由で検索して来店する顧客が増えていくにつれ、インターネット集客の威力は絶大なものになっています。

逆からいえば、インターネット集客に力を入れていない店舗は、年々経営が厳しくなっている時代だといえます。

とくに2階以上の空中階に店舗を構えている場合、通りがかりでは知ってもらいにくいため、インターネット経由で来店してもらう必要があります。

地図検索や自然検索で上位表示される空中階の店舗は、多くの顧客を集めています。上位表示されない店舗は、顧客がなかなか集まらず、苦戦しています。ちなみに、インターネット集客においては、1階も空中階も大きな差になりません。

インターネット集客への力の入れ具合によって、店舗格差は広がる一方なのです。

誰もがパソコンやスマホを当たり前のように駆使する時代、顧客獲得のためにインターネット集客は欠かせません。その第一歩としてやっておきたいのが、ホームページの作成、そして管理です。

ホームページをただ用意するだけでなく、近隣の競合店舗を出し抜いて、検索結果の上位に来るようなホームページを作成する意識が肝心です。そのためにやっておきたい最低限のSEOを、本章でまとめていきます。

ちなみに「ホームページ」は、ほかに「ウェブサイト」や「ウェブページ」と呼ぶこともあります。厳密にいうと違いはあるのですが、細かい説明をするとややこしくなるのでここでは省きます。

本書ではホームページに統一しますが、要所で「サイト」と表記することもあります。基本的な用法としては、自店舗のサイトを「ホームページ」、ほかを「サイト」と呼称し、わかりやすさのため区別して表現します。

ホームページは資産になる

インターネット上に存在するものなので、あまりイメージがわかない人もいるようですが、ホームページは単なる集客のツールとしてだけでなく、資産としても重宝します。

ホームページには価値があるのです。ホームページの内容そのものはもちろんのこと、ほかの権威あるサイトとのつながりを持つことや、運営期間がグーグルに記録されることで、価値を上げていくことができます。

これは「投資」に近いものと考えるべきです。もしくは、土をいちから耕して、畑にし、作物を育てていく、農作業にも似ています。じっくり時間をかけてでき上がったものが、価値の高いものであればあるほど、見返りは大きなものになります。

グーグルは常に、グーグルのサービスを利用するユーザーがどういった動きをしているのかを気にしています。そしてそのユーザーが、グーグル検索などを経由して、ホームページを閲覧したり実際に店に訪れたりなど、行動した結果、ユーザーが「満足したかどうか」にも注目しているのです。

つまり「ユーザーが満足する内容を含んだホームページ」を価値あるものとして高く評価します。検索結果で上位表示されやすくなり、より効果の高いインターネット集客が達成できるのです。

スタート時は投資の感覚ですから、お金や時間などの労力をそれなりに払うことになります。しかしその分の見返りも大きいと考え、中長期目線でホームページを育てていきましょう。

既存の顧客へのアピールにもなる

新規の顧客だけでなく既存の顧客もホームページを閲覧します。営業時間やサービス内容や更新情報を確認するため、店舗名で検索してホームページを訪れることが多いです。

ホームページの印象は、既存の顧客の行動にも影響を与えるということです。リピート率やリピートの間隔にも関わってくることでしょう。

常連化していない顧客の場合、頻繁に近隣の競合店舗と比較をしています。どの店舗を利用するか迷ったときの最終判断材料として、ホームページ内容を参考にすることは、十分にありうることなのです。

私もランチに行くとき、「A店とB店どちらに行こうか」と迷ったら、両者のホームページを見比べることがあります。よりホームページの印象が好ましい、コンテンツに関して満足度の高かったほうに足を運ぶ、という決断を下すのです。あなたにも似たような経験があるのではないでしょうか。

このように、ホームページのよし悪しが、迷ったときの最終判断材料にもなりますから、既存顧客へのアピールとしても、ホームページは大きな意味があるのです。

ホームページの内容がわかりにくく、店舗のサービス内容を十分に伝えられていなかった場合、訪問者ががっかりして競合店舗に足を向けてしまうことも考えられます。

以上のことから、利用しやすく、顧客目線に立ったホームページをつくる意識は大切です。

2　自作がいいか、外注がいいか

推奨は外注制作

ホームページは、制作と管理という2つの作業があります。家でたとえるなら、ホームページ制作は家を建てることそのもの、そして管理は改築や修繕などに該当します。

これらホームページの制作や管理は、自分で行うこともできますが、よほど規模が小さな店舗でない限り、基本的にはホームページの制作管理を専業としている会社に任せることを、私は推奨しています。

制作管理を外部に任せる理由としては、次が挙げられます。

・専門の高度なノウハウを持っているので、インターネットの検索結果で上位表示されやすい・ホームページのレイアウト（配置）やデザインが優れている。
・グーグルアナリティクスやグーグルサーチコンソールなど、管理に便利な専用ツールを設定してくれる。
・管理が安定している。

やはり餅は餅屋。インターネット業界でホームページづくりを得意としている人たちに任せるのがいちばんでしょう。

制作だけを外注し、完成後の管理は自分でやる、という選択肢もありますが、こちらもあまりおすすめできません。

管理を自分で行うということは、その後のホームページの一切合切を自分で担うということです。もしホームページが技術的な問題で急に表示されなくなったら、自分で対処しないといけません。また、これまで検索結果で上位表示されていたのに、何かを境に急に順位が落ちてしまったら、これも自分で対策を講じないといけません。

ホームページの点検や保守、品質の維持というのは簡単なことではありません。外注し継続して管理を任せておくことで、新しい情報も定期的に仕入れることができ、競合に負けない集客力を誇ることができます。制作管理ともども、外部に委託するのが無難な選択といえます。

自作のメリットとデメリット

外注を推奨しますが、コストを抑えるためだったり、新しいことにチャレンジしたいという理由で、ホームページを自作したいオーナーもいることでしょう。文章の投稿やホームページを編集する作業が苦でなければ、自分で作成することはもちろん可能です。

自作最大のメリットは、コストを削減できることです。加えて、扱っている商品やサービス、そして店舗の特長をいちばん知っているのは、その店舗を運営している人自身ですから、よさを全面的にアピールできる点もメリットでしょう。また、書いているうちに、いままでは気づかなかった、店舗の魅力を新たに発見することがあるかもしれません。

その一方で、自作にはデメリットも多くあります。

まず、自分でつくるのですから、その分の時間を要することになります。

店舗オーナーが、インターネット集客に直接携わるのが最善ではあるのですが、時間的に余裕がない場合やインターネット関連が苦手といった場合は、ウェブ担当スタッフを任命するケースもあります。

ウェブ担当者がインターネットに詳しくない場合は、ある程度の勉強は必要ですし、それが本人の負担になることもあります。追加費用で、ウェブ担当者に報酬を支払う必要も出てくることもあるかもしれません。

インターネットに詳しくないスタッフに丸投げして、成果の出ないホームページができ上がってしまっても意味がありません。ちなみに、ウェブ担当者を任命する際は、退職してしまうと引き継ぎが大変なので、長く勤めてくれそうなスタッフを選ぶといいでしょう。

もう1つ自作の大きなデメリットとして、使い勝手の悪いホームページができ上がってしまうケースが考えられます。

店舗オーナー側のこだわりが強すぎて独りよがり、デザインが客観的に見て微妙、欲しい情報がどこに書かれているのかわかりにくいなど、素人がつくるとどうしても、顧客の期待を裏切り、満足度を落としてしまうホームページになりがちです。芸術作品であればそれも許されることなのかもしれませんが、来店してもらうことが目的のホームページがそのようであれば、集客力向上など期待できません。

一度は自作に挑戦してみてもいいですが、難しさを感じたのであれば、制作管理会社に任せるほうが、結果的にコストダウンにつながります。その道のプロがつくるホームページは、やはり洗練されていて、使い勝手がよく、訪れた顧客を満足させるだけの仕掛けや工夫が詰め込まれているものです。

低コストで手軽さ重視ならグーグルマイビジネス

グーグルが提供する店舗向けの無料サービス「グーグルマイビジネス」でも、店舗のホームページを作成することができます。

テンプレートがいくつも用意されており、デザインも既成のものから選ぶことができます。直感的な操作で編集し、テキストや写真を載せることができるので、サイト制作が苦手な人でも、手軽にしかも無料で、ホームページをつくることができます。グーグルのほかのサービスとの連動もしやすく、たとえばグーグルマップの検索結果に表示された自店舗の情報を経由して、ホームページへ手早く誘導することも可能になります。

ただし、無料のツールですから、効果には限界があります。1ページしか作成できず、SEOとしての効果はあまり期待できません。自然検索で上位表示を狙うのなら、ほかの方法でホームページを作成しましょう。

グーグルマイビジネスは、ほかにもさまざまな優れた機能が搭載されている、現代の店舗オーナーにとって必須のツールです。グーグルマイビジネスの設定や、最低限やっておきたい施策については、第３章で解説します。

業種によっては大手ポータルサイトに頼る手も

飲食業なら飲食店専門のポータルサイト、美容なら美容系専門のポータルサイトがあり、これらポータルサイトの中に自店舗のウェブページを開設することができます。無料で利用できるポータルサイトもあれば、月額での料金が発生するポータルサイトもあります。

大手ポータルサイトのウェブページはデザインが優れており、使いやすさも抜群です。業種によっては、これらサービスに頼るのも1つの手です。いくつか見比べてみて、もっともイメージに近いサイトにて開設するとよいでしょう。

ただし、ユーザーが「地域名　業種名」でキーワード検索した際、検索結果の自然検索枠には、このポータルサイトの地域内の業種一覧が優先で表示されてしまいます。ポータルサイト内の自店舗ページが上位表示される可能性は低くなるので、この点は覚悟しておきましょう。

3　外注する際の絞り方

比較や吟味は必須

ここから先は、ホームページ制作管理会社に外注依頼する前提で話を進めます。

まず大事なこととして、ホームページ制作会社は、しっかり比較し吟味した上で決めるようにしましょう。「知人の紹介だから」「営業の人が感じのいい人だから」という理由で、比較や吟味をせずに決めてしまう人がいますが、これは非常に危険な選択です。

私がコンサルティングしたある店舗オーナーも、知人の紹介だからという理由で、微妙なホームページ制作管理会社と契約を続けていました。検索で上位に表示されることはなく、集客の成果が出ていないにもかかわらず、毎月決して安くはない管理費を支払っていたのです。これではお金をドブに捨て続けているも同然であり、速やかに委託先を変えるよう提案しました。

実績重視で決める

制作管理会社の選別として重視しておきたいのが、「同業種のホームページをつくったことがあるかどうか」です。なるべく同業種で実績を出せている会社を選ぶようにしましょう。

病院なら医療関係のホームページで実績を出している制作管理会社、美容室なら美容サロン系のホームページで実績を出している制作管理会社に依頼する、ということです。

各制作管理会社サイトには、制作実績例が掲載されているので、一通り眺めてみましょう。導入している店舗名も記載されていたら、その店舗が存在する地域名と業種名で実際に検索をかけて、上位表示されているかの確認もしておきましょう。

導入店舗が公開されていない場合は、実際に制作管理会社に尋ねてみるようにしてください。何かしら理由をつけて情報を開示してくれないようなところは、実績がない会社である可能性が高いので、依頼先の候補から外すのが上策です。

実績を出しているということは、その業種で検索されやすいワードや、業界特有のルール、他地域の同業種でうまくいっている施策などを知っているため、成果が出やすい傾向です。

私が経営するクリニックのホームページも、医療系に特化して実績を出しているホームページ制作管理会社に依頼しています。やはり特化しているところはSEO対策に強く、今も昔も変わらず、

「新宿　内科」で検索すると当院が上位に表示されています。

必ずしも同業種に特化しているホームページ制作管理会社に依頼する必要はありませんが、きちんとデータを提示してもらい、成果の出ているところであることを確認してから決めましょう。

中には、SEO対策にまったく力を入れていないところもありますので、そのような会社は避けたほうがよいでしょう。

4　ホームページ制作管理の費用イメージ

費用対効果に着目

引き続き外注制作することを前提にした話を進めていきます。ここではホームページ制作管理の費用について考えていきましょう。

ホームページの制作や管理は、会社によって質も費用もまったく異なります。費用の割りに質のよくない、費用対効果が低いホームページ制作管理会社もあるので注意が必要です。

一般的な店舗ビジネスであれば、特殊なホームページを構築するわけではないですし、記事の追加を積極的に行っていくわけでなければ、初動の制作費は数万円から数十万円、管理費は月々数千円から数万円で十分です。

ただ、事業の規模や業種により、必要なホームページの制作管理費は幅があります。

あくまでも目安ですが、スタッフ合計が片手で数えられるほどの、医院やエステサロンや教室といった、小規模の店舗のホームページであれば、制作費10万円～20万円前後、管理費月額数千円～1万円前後が望ましく思います。

私の経営するクリニックのホームページを例として、選別までの流れと制作管理費用を紹介しましょう。

私の場合、まずは実績を重視して過去の制作事例をチェックし、よさそうだと感じたところを10社ほど見つけました。その後各社に見積もり請求し、何回かのやりとりをしています。この際に返信が遅かったり、対応がぞんざいだったところは選考から外し、６社ほどにまで絞りました。あとは自分がやりたいこととどれだけマッチしているかと、価格との相談で絞り込みです。担当者との相性も判断材料の１つとして重視します。

最終的には制作費50万円、管理費月３万円の制作管理会社に依頼しました。

相場としては若干高い会社といっていいでしょう。あえて高い会社を選んだ理由は、ホームページの更新追加を高い頻度で行うため、サポートが手厚いところにしたかったからです。

開院当初から現在もこの制作管理会社とは付き合いが続いていて、ここを選んで間違いはなかったと感じています。費用対効果は高いといえます。

とにかく実績は最重要事項です。きちんと結果を出せている（過去の制作事例で検索上位表示が達成されている）ところを選び、サポート内容と費用を天秤にかけていけば、費用対効果の低い会社を引いてしまうリスクは避けられることでしょう。

費用対効果を探るポイントとして、「ホームページ経由の来客数でどれほどの実績を上げているか」にも着目しましょう。

たとえばA社とB社、2つのホームページ制作管理会社があったとします。A社がつくったホームページは、1日10人のホームページ経由の新規顧客を獲得でき、B社がつくったホームページは、1日12人の新規顧客が獲得できるという実績を持っていたとしましょう。

たった2人の差ですが、パーセンテージでいえば20%増し、新規顧客による初回利用による売上も20%の違いが出てきます。リピートすることも想定すればそれ以上の価値があるといえるでしょう。

ホームページ会社のよし悪しによって、ホームページ経由での来客数が増減することはよくあることです。この点に関しての実績も、きちんとホームページ制作管理会社に尋ねてみるといいでしょう。

きちんとデータを解析抽出しているところであれば、「ホームページ運営開始前後で、来客数がこれだけ変化した事例があります」といったような具合で、実績をきちんと提示してくれます。

制作原価＝人件費＋営業費

ホームページ制作管理会社をいろいろ調べていると、会社によって費用がバラバラであることに気づくことでしょう。費用が妥当かどうかを見極めるために、参考として制作管理費用の内訳について簡単に触れておきます。

ホームページ制作の原価の主な内訳は、制作スタッフの人件費と営業費です。

店舗ビジネスと異なり、ホームページ制作は机1つのスペースがあればできるので、本来家賃はほとんどかかりません。ただ家賃の高いところに会社を構えているところもあり、そういった会社は概ね費用が高い傾向にあります。

言い換えれば、家賃の安いところに会社を構えているところは、制作原価も安い傾向にあるということ。この点はおさえておくといいでしょう。

営業費とは、顧客である店舗オーナーがホームページ制作管理会社に問い合わせして、営業スタッフが見積りを出したり、打ち合わせをしたりして、契約するまでにかかる費用です。紹介してもらった場合には、紹介料を紹介先に支払うケースもあります。

ホームページ制作管理会社は、グーグルやヤフーに検索連動型広告などを出していることもあります。つまり店舗オーナーが「ホームページ制作」といったキーワードで検索した場合に、会社の広告が表示されるよう施策しているのです。この点は、後の章で紹介する、店舗オーナーが目指したいインターネット集客の施策と同じ仕掛け方ですね。

一方で、家の近くにあったから、チラシを見たから、というきっかけでホームページ制作管理の問い合わせをするケースはほとんどありません。この点は店舗に来てもらうことを前提としたビジネスと異なります。

以上のように、制作原価のほとんどが人件費と営業費で占められています。

規模の大きくないホームページ制作管理会社なら、1人のスタッフがホームページの制作管理や営業など、複数の業務を兼務していることもあります。

5　制作管理会社との上手な付き合い方

ホームページ会社から嫌われないために

ホームページ制作管理会社との付き合いは重要です。どんなビジネスにも共通していえることですが、一度関係が悪化して崩れてしまうと、サポート対応の質が下がってしまい、大きな効果を上げることができなくなってしまう場合もあります。最悪の場合、契約解除となってほかのホームページ管理会社を探すことになり、余計な手間となってしまいます。

確かにお金を払っているのはこちらですが、「客はこっちだから」と尊大な態度をとるのはいただけません。一緒になってホームページの質を高めていき、最大限の集客効果を出せるようにしていく姿勢が大切となります。

そのためにまず、店舗側もある程度、専門的な用語を把握しておくようにしましょう（図表5）。

本書で登場解説している用語たちは、最低限、頭に入れておくようにしてください。

グーグルアナリティクスなど各種グーグルのツールを使用する際や、ホームページ制作管理会社と打ち合わせを行う際など、作業を円滑に進めるために、知っておきたい用語をいくつか一覧にしているので参考にしてください。

また、もし聞いたことのない用語がホームページ制作管理会社の担当者の口から出てきたら、きちんと意味を尋ねましょう。質問攻めだと嫌がられてしまうでしょうが、先ほどの最低限の用語たちを頭に入れている上での質問であれば、問題はないはずです。先方も管理費用の一環として対応してくれます。

また、そのような質問や確認を適度に行うことで、「一緒になって価値を高めようとしてくれているな」と担当者に感じてもらえ、信頼関係を築く要因にもなります。より結果を出そうと、先方も頑張ってくれることでしょう。

とはいえ、たとえば月の管理費用が数千円以下のような安いところに依頼している場合、サービスは最低限のものしか期待できないのが相場です。この点、発注者であるオーナー側は「安いところだから仕方ない」という割り切りも必要で、あれもこれもと欲張りな要求するのはよくありません。担当者の心証を悪くしてしまいます。

オーナー側の要求が費用以上の過度なものであったために、ホームページ制作管理会社から契約解消されてしまった店舗を知っています。このような双方にとって望まないかたちの結末をたどることのないよう、ホームページ制作管理会社は大切なビジネスパートナーとして、良好な信頼関係を維持していきましょう。

任せきりは厳禁

ホームページの制作と管理は外注することを推奨していますが、任せきりにするのはよくありません。

任せきりにすると、オーナーの意向とはまったく異なったホームページができあがってしまうことも考えられます。ホームページの制作や管理の内容を理解した上で、制作管理会社と協力して施策を進めていくのが望ましいです。

ホームページ制作の内訳は大まかに、コンテンツ、レイアウト、デザインになります。

コンテンツというのは、要するにホームページに掲載される記事（店舗情報、サービス内容の紹介など）や画像などです。

記事はホームページ制作管理会社のスタッフが作成することもありますが、ボリュームが多ければ、フリーのライターや記事編集を担うプロダクション会社に外注することもあります。

記事は担当者によって品質に差が出る傾向なので、オーナーによる定期的なチェックは必須になります。

編集会社に依頼している場合も気は抜けません。その会社がさらに外のライターへ発注していることもあり、記事を納品してもらった後に、編集会社側で誤字脱字の有無といった最低限の品質保証には対応しているものの、必ずしもオーナーの意向に沿ったものができあがっているとは限らないので、こちらもやはりチェックは必要となります。

コンテンツの作成を店舗側に任せるホームページ制作管理会社もあります。その分コスト削減はできますが、店舗側の労力は増えます。

ホームページ管理の内容は、お知らせや新しいページの追加更新や、正常にホームページが閲覧できるかの点検や保守が主業務となります。

ホームページの品質を高める上で更新は重要です。更新依頼は、必要があれば行うようにしましょう。

ただ、管理費の安いところだと、無償では更新対応してくれない場合もあるので、どのくらい更新依頼に対応してくれるのか、事前にきちんと確認をとるべきです。業種によっても変わってくるので一概にはいえませんが、たとえば月２万円の管理費であれば、月１回はページ追加対応してくれますが、月１万円だと更新はほとんど対応していないなど、コースによっての違いがあることもあります。

私の場合、定期的な更新をかけることを重視したいので、ある程度お金を払ってでも更新をかけてほしいというスタンスです。なので更新に関する確認はこまめに連絡を取り合っています。

また、ホームページ制作管理会社と密接につながっていることで、インターネット集客に関する最新の情報を収集しやすいメリットもあるので、私としては非常に重宝しています。

グーグル側で大きなアップデートが起きると、グーグルの検索順位の評価基準が変わることもしばしばあります。

そういったときにいち早く情報を仕入れているのが彼らホームページ制作管理会社です。どのようなアップデートがあったのか問い合わせてみて、こちらで対応できることを把握することができるので、より効果の高いインターネット集客ができます。

あわせて、アップデートを受けて先方がどのような対応を検討しているかなど、確認をとるようにしています。

こういった相談料のようなものは、月の管理費に十分含まれているというのが私見です。検索順位が突然下がっても、頭ごなしに責めるようなことはせず、「なぜそうなったのか」「どうすれば改善されるのか」などヒヤリングし、現状をしっかり把握していく姿勢でいます。

とにかく、ホームページ制作管理会社と二人三脚で走っていく気持ちで、任せきりではなくコミュニケーションをとりながら、ホームページの質を高めていくことを目指してください。

費用対効果は常に念頭に置く

ホームページ制作管理会社とは仲良くやっていくことがいちばんではあるものの、ビジネスですから、結果がすべてでもあります。

払った費用に対して、満足のいく成果が得られていないと感じたら、見切りをつけるタイミング

【図表5　知っておきたい用語集】

用語	説明
ユーザー	ホームページの訪問者。
ページビュー数（ページ閲覧数、PV数）	閲覧されたページ数。多いほど評価が高い。
セッション	ユーザーが訪れた回数の総数。多いほど評価が高い。
平均セッション時間（平均滞在時間）	1回の訪問での滞在時間。長いほど評価が高い。
直帰率	ホームページを訪れて、最初にたどり着いたページ以外のページを閲覧せずに、ホームページを去ってしまったユーザーの割合。低いほど評価が高い。

も必要となります。

ここで重要となってくるのはデータです。

検索結果で期待ほど上位に来れていなかったり、ホームページ経由で想定ほどの新規顧客を獲得できていなかったら、これらデータを提示しながら、ホームページ制作管理会社と今後の方向性を共有していくことになります。

先方から改良していくべき点など、建設的な意見が出てこなかったら、契約更新のタイミングで他社に乗り換えることも選択肢の1つです。

費用対効果は常に念頭に置いて、定期的にこのような検討をしましょう。向こうからは動いてくれないので、オーナーが積極的に動く姿勢が大切です。

6　自然検索で上位表示するには

上位ほどクリック率が高い

ホームページに関する制作や管理方法について方針が定まったら、つぎはいよいよ自然検索で上位表示をさせるための実践です。

内製するにせよ、外部に依頼するにせよ、自然検索での上位表示は、ホームページ運営における最優先のミッションです。

つまり、たとえば「地域名　業種名」で検索したときに、なるべく検索結果の上位に表示されることが何よりも大切となります。

1位のクリック率が20％とすると、2位が10％、3位が6％、4位が5％、5位が4％、6位から10位が1％から2％前後になります。

仮に上位10位にも表示されないようだと、自然検索結果からホームページへ訪れる人はかなり少なくなります。2ページ目以降だと、クリックする人はほぼ0だと思っておくべきです。

まずは「地域名　業種名」で上位を目指す

店舗を探している多くのユーザーは、「地域名　業種名」で検索します。

【図表6　自然検索枠のタイトルと説明文の例】

https://www.shinjyuku-ekimae-clinic.info ▾

新宿駅前クリニック（皮膚科、内科、泌尿器科）

新宿駅西口1分、南口2分の皮膚科・内科・泌尿器科。予約不要、夜19時まで保険診療。常勤医師5名で待ち時間の短縮。年間10万人の外来実績。検査結果はネットで確認。働く忙しい方のための**クリニック**。

そこで対策としてオーソドックスなのは、店舗ホームページのタイトルに「地域名」と「業種名」を含めることです。「八王子市　花屋」というキーワードで上位表示を目指すのであれば、「八王子市花屋―店名」などのように、タイトルに「八王子市」「花屋」を入れます。

私の経営する医院であれば、店舗ホームページのタイトルは「新宿駅前クリニック（皮膚科、内科、泌尿器科）」とし、「新宿　内科」などのキーワード検索で引っかかりやすいようにしています。

また、検索結果にタイトルとともに表示される説明文（ページソースの編集上は「ディスクリプション」に該当）にも、検索されやすいキーワードを入れましょう。

当院の説明文は「新宿駅西口1分、南口2分の皮膚科・内科・泌尿器科。予約不要、夜19時まで保険診療。常勤医師5名で待ち時間の短縮。検査結果はネットで確認。働く忙しい方のためのクリニック。」としていて、地域や業種名とともに強みとなるワードも入れています（図表6）。

優先して取り入れたい重要ワードは業種によって若干異なります。

タイトルや説明文を自身で設定する際は、まずは実際に検索して、自然検索結果の上位に来ている他店舗を調べてみて、参考にするといいでしょう。

必ずしもタイトルにキーワードを入れる必要があるわけではなく、含めなくても上位表示されることもありますが、基本は上記のようなルールにしたがって設定していくのがいいでしょう。

設定できたら、誤字脱字がないかの入念なチェックを行いましょう。

上位表示されなくても力を入れるべき理由

とはいえ、自然検索では、競合店舗だけでなく、大手メディアサイトやポータルサイトがライバルとなるので、激戦区ほど「地域名　業種名」で上位表示させることは困難を極めることになります。目安としては、「地域名　業種名」で検索した際に、自然検索で同業他店舗のホームページが10位以内にあまり出てこないようなら、かなりの激戦区と判断できます。飲食店や美容室といった比較的大きな市場で、ポータルサイトが多種混在している業種は、上位表示の難易度はかなり高くなっているのが現状です。

上位表示がなかなか達成できず、投げ出したくなることもしばしばあります。

しかしだからといって、ホームページ施策を諦めるのは得策ではありません。自然検索の順位に影響を与えるSEOは、地図検索の順位にも影響を与えます。地図検索で上位表示されれば、ライバル店舗よりも先に自店舗を知ってもらえるので有利です。自然検索で上位表示されなかったとしても、めげずにSEO、ホームページの手入れはしていくべきなのです。

上位表示のための2つの指針

以上は基本中の基本の SEO になります。

続いては肝心のコンテンツ面です。ホームページにどういったコンテンツを充実させれば、上位表示されるのかを考えていきます。

方法は大きく2つ。「満足度を高める」ことと「信頼度を高める」ことが、上位表示されるサイトの必要条件です。

それぞれについて、解説していきましょう。

7　満足度を高めるためにすべきこと

訪問者の行動がポイント

ホームページを閲覧した訪問者が、コンテンツに「満足した」か「満足しなかった」かは、フェイスブックやユーチューブのような「いいね！」ボタンがあるわけでないので、表面上は判断することができません。

そこでグーグルアナリティクスを代表とするホームページ解析ツールを利用します。訪問者の「行動」をいくつか解析することで、満足したかどうかの客観的な判断材料とします。その主な行動指標となるのがつぎの項目になります。

・ホームページの滞在時間
・ホームページからの直帰率
・ホームページの閲覧ページ数
・ホームページ離脱後の行動

店舗を探している人が「地域名　業種名」などでキーワード検索し、自然検索結果に表示されたタイトルや説明文が気になり、クリックしホームページを訪れたものの、内容にひかれる部分がなく、即座に検索結果画面へ戻ったとしましょう。

ユーザーがこのような行動を選んだ場合、ホームページの滞在時間は少なく、直帰率の上昇につながり、グーグルに「このホームページの満足度は低い」と判断されてしまいます。このままでは検索結果の順位を上げることは厳しく、ホームページに工夫を凝らす必要が出てきます。

グーグルに「満足度が高い」と判定される優れたホームページは、ユーザーが訪れた後、すぐに検索結果画面に戻られることなく、いくつかのページを閲覧し、自然と滞在時間が長くなり、閲覧ページ数も増えていくようなサイトです。

最終的に、検索結果画面に戻ってほかのサイトに訪問することもなく、検索行動を終了させたら、ホームページに満足したものと考えられ、グーグルの評価もかなりのプラスとなることでしょう。

各種データは解析ツールで簡単に確認することができますが、こまめにチェックする必要はなく、そのような指標があることを知っておく程度でもかまいません。ホームページの各データ数字を気にしすぎて、本業が疎かになってしまっては本末転倒です。

ホームページの管理を外注しているなら、基本は外注先に任せてしまっていいでしょう。ただし、少なくとも数か月ごとに解析画面を覗いてみたり、あるいは外注先に尋ねてみて、各データ数字の増減は確認するようにしてください。

数字が低いページがあれば、何かしらの改良が必要であることを示しているので、ホームページの見直しを図ったり、外注先とよく相談するようにしましょう。

トップページがすべてを決める

満足度を高める、つまりホームページの滞在時間を長くしたり、直帰率を下げたり、閲覧ページ数を増やす上で、まず力を注ぎたいのがトップページのブラッシュアップです。

トップページとは、ホームページの入り口にあたるページのことで、ホームページ上で「ホーム」を押すと表示されるページになります。検索結果からクリックし訪問してきた最初のページも、多くはこのトップページになります。

「人は見た目が9割」という書籍が以前ヒットしましたが、ホームページも例外ではなく、トップページが店舗の印象のすべてを決めるといっても過言ではありません。

トップページが、訪問したユーザーの店舗全体に対する第一印象に直結します。インターネット施策としてだけでなく、店舗運営の上でも非常に大切なものなのです。

トップページを構築する上では、次のような項目に気をつけましょう。

・パッと見で、何の会社で何の業種なのかがわかるか。
・店舗の場所と営業日がひと目でわかるか。
・簡潔に店舗の強みが書かれているか。
・わかりやすいキャッチフレーズが添えられているか。
・どこに何があるのか、アイコンの意味など、誰でもすぐ理解できるか。
・パソコンとスマホどちらにも対応しているか。
・文字のボリュームを抑え、適所で画像やイラストを使えているか。
・表示速度は快適か。
・見た目のバランスはどうか。
・古いままの情報を載せていないか。

独りよがりになってしまってはいけないので、スタッフや常連客などの意見も求めるといいでしょう。

とくに見た目のバランスや使いやすさといった感覚は個人差の出るところなので、より多くの意見を反映させていくほど、より多くの人に気に入ってもらえるトップページができ上がっていくと考えましょう。

写真は使えば使うほどいいわけではなく、業種によっても差があります。

【図表7　新宿駅前クリニックのトップページ】

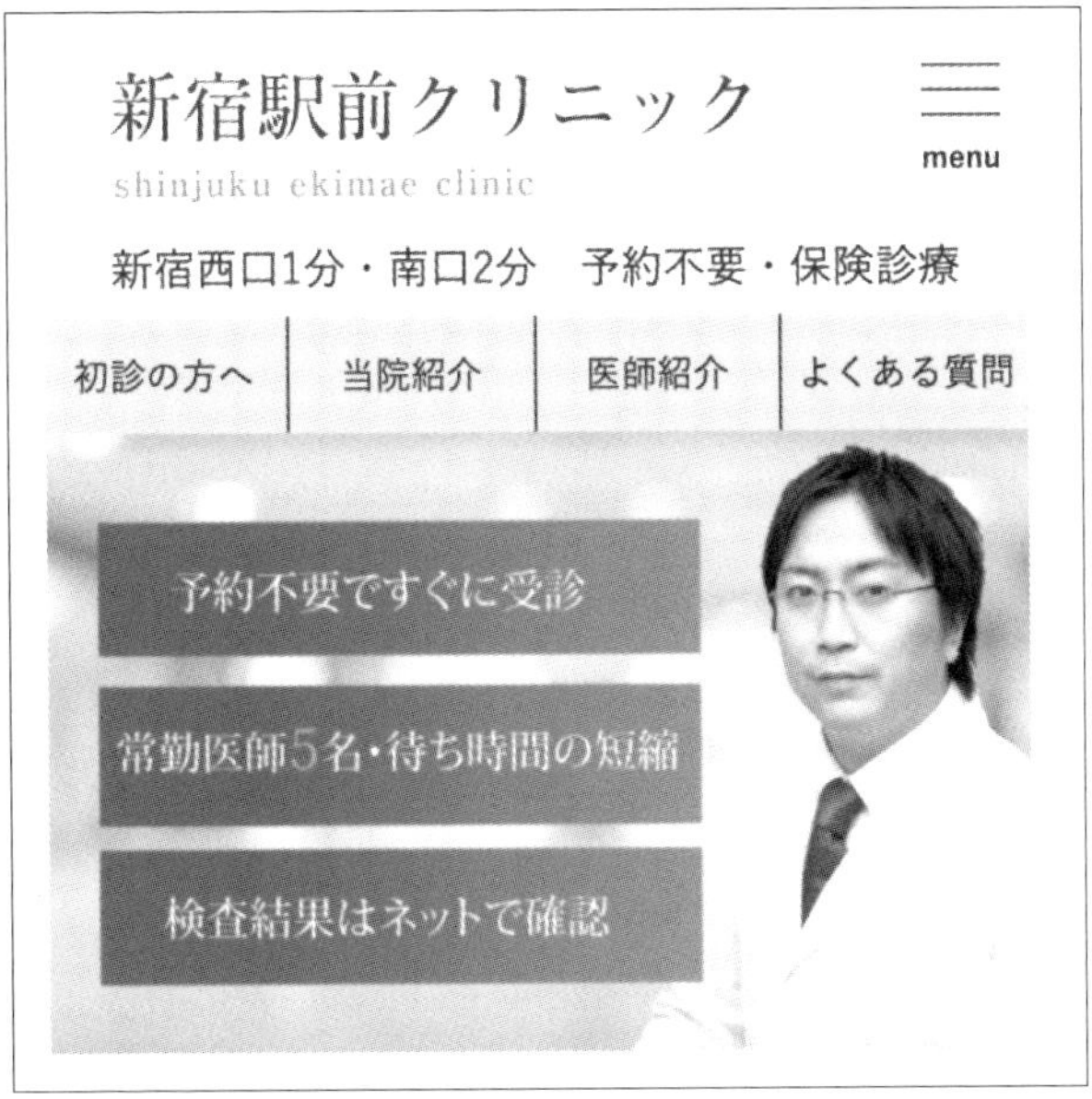

トップページは情報をコンパクトに集約し、ひと目で業種がわかるものにしましょう。

私の経営する医院のトップページには、医院であることが一目でわかるよう、白衣を着た院長の私の写真とキャッチフレーズ、診療時間、お知らせ、アクセスマップを置く程度にとどめています（図表7）。

サロン系なら店内の写真は重要ですが、居酒屋系なら店内よりも料理の写真のほうが、与えるインパクトは強いかもしれません。

強みにしているところが、ユーザーに向け直球で届けられるようなトップページを目指しましょう。

必要な情報をわかりやすく掲載する

満足度を高めるための施策として、ホームページ全体で意識したいことは、必要な情報がわかりやすく書かれていることです。

必要な情報とは、営業時間、定休日、住所、電話番号、店舗へのアクセス、お知らせ、求人、スタッフ紹介、サービス内容（料金含む）などになります。

これらの情報をトップページにどれだけ載せるか、新たにページをつくって掲載するかなどは、業種によって大きく変わってくるでしょう。

ホームページ制作管理会社に発注しているなら、データやノウハウを蓄積しているので一任して問題ありません。自作の場合は、上位表示されていて満足度の高そうな同業他店舗のホームページを参考にするのがベターです。

情報に関する詳しい内容を載せる場合は、必ず新しいページを設けましょう。トップページには、そのページへと案内するためのボタン型のアイコンを設置します。

店舗情報を載せる「アクセス」ページには、周辺の地図や最寄り駅からの行きかたをくわしく掲載します。このページに「電話する」を意味したボタン型のアイコンを設置し、画面をクリックすれば、気軽に問い合わせができるようにしておくと、より満足度を高めることができるでしょう。予約制の店舗であれば「予約する」ボタンのアイコンを設置し、予約ページへ移動できるようにしておくと効果的です。

スタッフやサービス内容の紹介ページをつくった場合、これもトップページにアイコンを設置しましょう。

また、顧客獲得とは目的がずれますが、求人ページも人気のコンテンツです。求職者をターゲットにしているページのため、集客には直結しませんが、力を入れましょう。いざというときは人手不足を補うこともできるので一石二鳥です。

ちなみに、インターネット求人媒体に求人情報を掲載した際には、その媒体から、ホームページ内に作成した求人ページへと、リンクをつなげてもらいましょう。閲覧ページ数が上がりますし、後述する「外部リンクの獲得」によって信頼度を高めることにつながります。

8　満足度を高めるためにしてはいけないこと

トップページに情報を載せすぎない

前述の通り、トップページは店舗の「顔」であり、特徴や強みや基本情報を正しく伝える必要があります。

トップページには訪問者が必要としている情報をなるべく盛り込むべきですが、詰め込みすぎるとごちゃごちゃしてしまい、かえって印象を悪くしてしまいます。必要なことをわかりやすく簡潔に、目にうるさくない程度に伝えていくようなバランス感覚が重要です。

検索結果のタイトルや説明文が気になってサイトを訪れてみたものの、まったく興味のない内容がたくさん書かれていて、すぐに別のサイトに移ってしまった経験が誰しもあるかと思います。

入り口に長文を置くと圧迫感があり、訪問者に読みにくさや居心地の悪さを与え、直帰率を高めてしまいます。結果、ホームページの満足度は下がり、検索結果順位は下がってしまうことでしょう。

トップページはすっきり見やすく、必要最低限の情報にとどめるようにしましょう。ユーザーごと知りたい情報には差があります。ボタン型アイコンの設置を心がけ、知りたい情報だけをスムーズに拾えるホームページづくりを心がけてください。

店舗ビジネスに無関係な情報は掲載しない

優先して載せるべき情報は何なのか。訪問者が欲している情報とは何なのか。ホームページを立ち上げるにあたり、訪問者が求めている情報を掲載する必要があります。

訪問者が必要としている情報は業種によって異なり、判断が難しい部分もあります。情報の取捨に困ったときは、競合や大手のチェーン店のサイトをいくつか覗いてみましょう。よく掲載されている内容は、それだけ重要とされているものであると判断できます。これらを基準に、掲載する内容の優先順位をつけていきましょう。

逆からいえば、ホームページは必要以上に内容を詰め込むべきではないということです。

基本的には、内容の充実しているホームページのほうがグーグルに高く評価される傾向にはあるのですが、だからといって店舗ビジネスに関係のほとんどない内容を掲載するべきではありません。

よく見かけるのは、ホームページに併設したブログ記事で、近隣にできたお店を紹介したり、業種と関係のない時事ネタを取り上げるケースです。閲覧されることはほとんどなく、グーグルの評価がマイナスになってしまうこともあるので、やめておきましょう。

ページをつくり過ぎない

内容の薄い低品質のページや、訪問者にとって興味のわかない記事を量産することに意味はありません。

これもよく見かけるのですが、「メディアに取材されました！」などと題して、テレビや雑誌などで店舗が紹介されたことを、都度新規ページをつくって投稿する店舗サイトがあります。

店舗側としては大きなアピール材料ですが、訪問者にとって重要なのは店舗の基本的な情報であり、メディア紹介のニュースはさほど興味のわかない内容です。

したがって、ホームページ内でこういったニュースを投稿する際は、押し付けがましくない程度にとどめましょう。トップページに目立ちすぎない程度で記載したり、「取材履歴」などと題したページを作成し、そこにひとまとめでメディア紹介のニュースを追記していくのが無難なやり方です。

同様に、量産に気をつけたいのがお客さまの声のページです。治療院や教室などのページでありがちですが、お客さまの声を山のように詰め込んでいるサイトがあります。訪問者を迷わせてしまい、満足度を下げる要因になってしまうことがあります。

そもそも訪問者はお客さまの声をたくさん読みたいわけではありません。ただし、少しは参考にしたいものです。お客さまの声の数は厳選して、適切な質と量を「お客さまの声」などと題したページに載せましょう。

ちなみに最近の傾向として、お客さまの声は次章で解説するグーグルマイビジネスがその役目を担っているため、わざわざホームページに載っているポジティブなレビューを参考にする訪問者は減少傾向にあります。

よってお客さまの声は、ホームページを訪れる訪問者が欲している情報の優先度としてはかなり低い部類になります。ホームページのコンテンツが充実しているようであれば、あえてお客さまの声を載せないのも、1つの手段です。

9 外部リンクで信頼度を高める

積極的につなげていこう

検索結果で上位表示されるために必要なこと。満足度に続いて信頼度を上げる方法について説明します。

端的に、信頼度を上げるための最適な方法は、外部リンクです。

外部リンクとは、ほかのサイト（異なるドメイン）に店舗ホームページのアドレス（URL）が設置されることをいいます。

どのサイトも、ユーザーに紹介することで満足してもらえる、信頼できるサイトのアドレスを設置したいはずです。そしてグーグルも、ほかのサイトから信頼されているサイトを高く評価しています。

ホームページがどこともリンクしていない、独立した孤島にサイトを構えているような状態だと、グーグルからの評価はほとんど上がりませんし、ユーザーに訪問してもらえる機会も極端に低くなってしまいます。もちろん検索結果で上位表示されるケースも少なくなってしまいます。

外部とのつながりを積極的に厚くしていき、検索結果上位表示を目指しましょう。

とはいえ、ありとあらゆるサイトに片っ端からリンクを設置してもらうようにするのも良策ではありません。信頼度の低いサイトからの外部リンクを獲得するのは、あまり効果がないこともあります。

よって、つぎに紹介するような、信頼度が高いと見込めるサイトからの外部リンク獲得を目指しましょう。

外部リンク推奨サイト

外部リンクしてもらえる可能性が高く、なおかつ信頼度の高いサイトをいくつか紹介しましょう。

・ポータルサイト（口コミサイト、レビューサイト）

「地域名　業種名」や「業種名」で検索すると、自然検索の結果に、業種を一覧で網羅している口コミサイトやレビューサイトなどが上位表示されます。これらの総称を本書では「ポータルサイト」と呼称しています。

地道な作業になりますが、これらポータルサイトに1つひとつ自店舗の情報を登録していくことで、ホームページの信頼度上昇とともに、ポータルサイト経由の訪問者を増やすことができます。

店名、住所、写真、営業時間、定休日、サービス内容などを、過不足なく掲載しましょう。そして必ず、自店舗ホームページへのリンクを設置しましょう。

中には、特定のサービスを受けるためにはお金を要する、一部課金制のポータルサイトもあります。費用対効果を踏まえた上で慎重な決断を下すべきですが、課金してまで利用すべきポータルサイトというのは、いずれの業種であってもあまり存在しません。

無料の範囲内でできることをやればいいでしょう。なぜなら、いちばんの狙いは、ポータルサイト内で別格な扱いを受けることではなく、外部リンクを増やして信頼度を上げることによる、検索結果上位表示だからです。

・地域情報コミュニティーサイト

地域情報コミュニティーサイトは、口コミサイトやレビューサイトとコンテンツは似ていて、特定地域に属している店舗を紹介しているサイトになります。ただし、口コミが掲載されているケースはほとんどなく、基本は店舗情報を羅列しているものが多いです。業種ごとに特化している地域情報サイトもあります。

商店街のサイトもコミュニティーサイトの1つで、URLを掲載している場合があります。

これら地域情報コミュニティーサイトに外部リンクを置くことにデメリットはほぼありませんので、積極的に掲載要請を出すといいでしょう。

・業界団体のサイト

業界団体や組合に加入している場合、業界団体・組合サイトにURLを設置してもらえるように申請してみましょう。掲載が有料でも、そのサイトが信頼度の高いサイトであれば、登録する価値があります。

それだけ業界団体・組合サイトには価値があるということです。外部リンクをもらえることで、ホームページの信頼度が増し、上位表示されやすくなります。

医療を例にあげると、学会や医師会といったものが業界団体です。加入しているのであれば、これらのサイトにリンクを設置してもらうことは可能となっています。この施策だけでも、サイトの信頼度の向上は明らかであることを、身をもって経験しています。

・取引先のサイト

取引先のサイトに掲載してもらうのも上位表示に一役買ってくれます。

たとえば当院のような医療施設は、製薬会社、検査会社、医療機器メーカーといった医療関係の会社が取引先です。こういった取引先会社に要請して、リンクを設置してもらうことにより、ホームページの信頼度を高めることができます。

また、私の場合は医療関係のウェブメディアに寄稿することがあり、掲載された際にリンクを設置してもらえることがあります。

・SNSへの登録

フェイスブック、インスタグラム、ツイッターなどのSNSに、店舗のページを作成することも信頼度上昇につながります。必ずしも定期的に情報発信する必要はありませんが、アカウントに店舗ホームページURLを掲載することができ、外部リンク獲得の1つの手法となります。

業種によっては、SNSで定期的に情報発信したほうがよいこともあります。

ちなみにインスタグラムは写真が主体のSNSなので、料理を掲載する飲食店やヘアスタイル例を紹介する美容室など、ビジュアル勝負の業種で有効なツールです。逆に、掲載する素材がせいぜい店舗の外装や内装を紹介する程度の業種は、インスタグラムをさほど重要視する必要はありません。更新頻度を上げようと、店舗と無関係な写真を上げても、集客効果は見込めませんし、マイナス効果にもなりかねません。

フェイスブックやツイッターは、店舗でキャンペーンを開催する際などには、チラシ代わりに利用すると効果的です。ただしキャンペーンばかり垂れ流していても、ユーザーに煙たがれる可能性があるので、店舗の営業情報や新サービスの紹介など、しつこくない程度に発信していくといいでしょう。

第3章

目指せ地図検索3位以内

1　地図検索の威力

スマホの普及とともに変化したお店の探し方

情報社会の発展進化にともなって、個人の検索能力はレベルアップし、また検索技術に関しても大きく飛躍しました。

ほんの少し前までは、たとえば「新宿にある皮膚科の場所を知りたい」と思い検索機能を利用するとしたら、つぎのような流れで訪問先を絞り込むのがオーソドックスでした。

①検索欄に「新宿　皮膚科」で検索。

②検索結果に表示されたホームページを参考にする。もしくは、医療施設をまとめているポータルサイト（店舗情報サイト、地域情報コミュニティーサイト、口コミサイト、メディアサイトなど）を利用する。

③目星がついたら、サイトの住所やアクセスマップを参考にして、目的の店を目指す。

しかしここ最近ではまた違った検索の仕方をする人も増えてきています。

グーグルやヤフーの検索結果には、地図検索結果も表示されるようになりました。

そして、多くの割合の人たちが、この地図検索を利用して、店舗の場所や、サービス内容、さらには口コミまで参考にするようになったのです。

検索エンジン経由ではなく、地図アプリを開いて、近くの店舗を調べるユーザーも増える傾向にあるくらいです。

店舗の最寄り駅から店舗までの道順を調べるときに、グーグルキーワード検索やグーグルマップ検索から、「グーグルマイビジネス」（このサービスについての詳細は後述します）内の地図や経路案内を利用することもあります。

地図検索の利用率についての解析は、さまざまな調査会社によって行われていますが、そのどの調査結果を見ても、スマホ利用者のおよそ7割以上が、グーグルマップやヤフーマップなどの地図アプリを利用していることが報告されています。

さらには、地図アプリ利用者のおよそ8割程度は、グーグルマップを使っているという調査結果も出ているのです。

これらの割合は、今後さらに増えていくものと予想されます。

ここから導き出される結論はただ1つです。

店舗ビジネスを行っているのであれば、グーグル検索結果やアプリのグーグルマップを活用したインターネット集客に集中するべきです。

もはや、街の看板や地図を見る人は希少です。スマホを取り出して地図検索という人が大多数なのです。

「インターネットは苦手だから」と敬遠せず、積極的に地図検索を活用しましょう。

競合は店舗だけ

地図検索の何よりもの魅力は、店舗しか検索結果に表示されない点です。これは利用者にとっても、店舗経営者側にとっても大きなメリットがあります。

まず利用者にとっては、検索の仕方に選択肢が増えたことが利点です。すなわち、地図検索からダイレクトに店舗を調べたり、自然検索結果のポータルサイトあるいは店舗のホームページを訪れるというように、店舗を絞り込むための選択の幅が広がりました。

店舗経営者にとっての地図検索のメリットは、言わずもがなですが、ライバルが同業者しかいない点でしょう。

自然検索だと店舗だけでなく、口コミサイトやメディアサイト、あるいはまとめサイトやブログなども検索結果のライバルとして登場しますが、地図検索なら同地域内の同業他店舗との争いに限られます。

この事実を正確にとらえることは、非常に大きな意味を持っていると、実際に地図検索に力を入れている側として断言しておきます。

地図検索で優先的に表示されるのは「3件」が基本なので、この地図検索上位3位以内に入ることが必須です。

ただし、どの店舗もこぞって、地図検索で上位に表示されるよう、地図検索には力を注いでいるのが基本と思いましょう。同じ地域内に同業他店舗が少なければ、容易に3位以内に入りますが、多ければその分難易度が高くなります。

ポケットに直接チラシを差し込むという発想

スマホがひとり1台の時代となってもう随分と経ちました。

これまで、店舗を知ってもらうためには、新聞や雑誌の広告、看板設置など、さまざまな方法が提案されてきましたが、地図検索ほど費用対効果の高いものはないかもしれません。

なぜなら、ひとり1台持っているそれぞれのスマホに、ほとんど手間をかけることなく、自店舗の場所とサービス内容を届けることができるのが地図検索だからです。

スマホが、自店舗の存在を知らせるチラシの役割になることを忘れてはいけません。しかも、自力でやればほとんどコストをかけることなく、店を見つけてもらえるのですから、活用しない手はないのです。

あまり難しく考えず、チラシづくりの1つだと思って、地図検索の施策をやっていきましょう。

店舗のビジネス情報の設定と更新を心がけることが、地図検索上位表示のポイントです。

最初の設定をしっかりとやっておけば、後はほとんど放置でも問題ありません。同業他店舗の多い激戦区においては、より難易度が高くなりますが、地図情報でより上位表示を目指すには定期的に更新するとよいでしょう。

本章にて、最低限やっておきたい、簡単で効果のあるものをピックアップして紹介します。

2　地図検索とグーグルマイビジネス

地図検索の順位を決める3つの要因

地図検索は、つぎの３つの要素が、表示順位決定の大きな要因となっています。

・自然検索の順位
・現在地からの距離
・グーグルマイビジネスの施策

実際に何回か検索して確認してみるとよくわかりますが、自然検索と地図検索の順位は、ある程度の相関関係にあります。

ですのでまずは、自然検索上位表示を達成できるようなホームページを作成することが大切です。これについては第2章ですでに述べているのでそちらを参考にしてください。

2点目は現在地からの距離です。スマホやタブレットなどの端末にはGPS機能（GPSとはグローバル・ポジショニング・システムの略称で、衛星の力を使ってスマホ使用者の現在位置を測定する機能のことです）があり、オンにしていれば現在の位置情報が地図上にマッピングされます。この場合、現在地から店舗までの距離が表示されて非常に便利です。

地図検索の結果が、距離の近い順に必ずしも上位表示されるわけではありませんが、近い店舗ほど上位表示されやすい傾向となっています。

ちなみにGPS機能がオンになっていなくても、位置情報の履歴や最近検索した場所などから、地図検索が表示されます。現在地とは限りませんが、検索を行うことで地図検索枠も必ず表示されるシステムとなっています。

また、一般的な傾向として、自然検索より地図検索のほうが、上位表示されるようになるまで時間がかかる傾向にあります。

グーグルはGPS機能で位置情報を24時間体制で把握しています。店舗滞在者が１日何人いるかや、口コミはポジティブなものが多いかといった詳細なデータが蓄積されて、店舗の客観的な評価が下され、時間をかけて徐々に上位表示されるようになります。

したがって、ホームページに力を入れて自然検索で上位表示されるようになっても、直ちに地図検索にもその影響が反映されるわけではありません。自然検索で上位表示され、地図を用いて訪問する人が増えることで、地図検索でも上位表示される、という流れを想定しておきましょう。

グーグルの地図に看板を立てよう

最後に３つ目の要素であるグーグルマイビジネスでの施策です。いよいよここからが本章の本題となります。

第１章でも少し触れましたが、グーグルマイビジネスが何なのかについてからまず説明しましょう。

グーグルマイビジネスとはつまり、一言でいえば、世界ナンバーワンの地図アプリ、グーグルマップに、「店舗の看板を立てる」ことができるツールです（図表8）。加えて、グーグル検索の結果画面にも、店舗の看板を表示されることができます（図表9、10）。

実際にご覧になったことのある方は多いでしょう。

一見、やり方が難しそうとか、お金がかかるのではと警戒したくなるかもしれませんが、グーグルマイビジネスの利用自体は無料であり、操作も基本事項さえこなせれば難しいことはとくにありません。

ちょっとの時間さえ捧げれば、店舗オーナーは簡単にグーグルマイビジネスを使いこなし、新しい顧客との出会いのチャンスを得ることができます。

業者に委託することもできますが、ホームページ制作とは違いデザインなどは一律ですし、更新作業もそこまで細かいレベルは要求されません。ですから、コスト面も加味して総合的に考えるなら、店舗サイドで更新をかけることをおすすめします。

むしろ「インターネットや機械は苦手」という理由で一切手を触れず、グーグルマイビジネスを無視することは、あまりにも商業的な機会損失が大きいととらえるべきです。

そのくらいグーグルマイビジネス、そして地図検索によって店を訪れる人は増えているのです。

あまり苦手意識をせず、食わず嫌いをせず、やってみてほしいというのが、ここでもっとも伝えた

【図表８　グーグルマイビジネス「ホーム」画面】

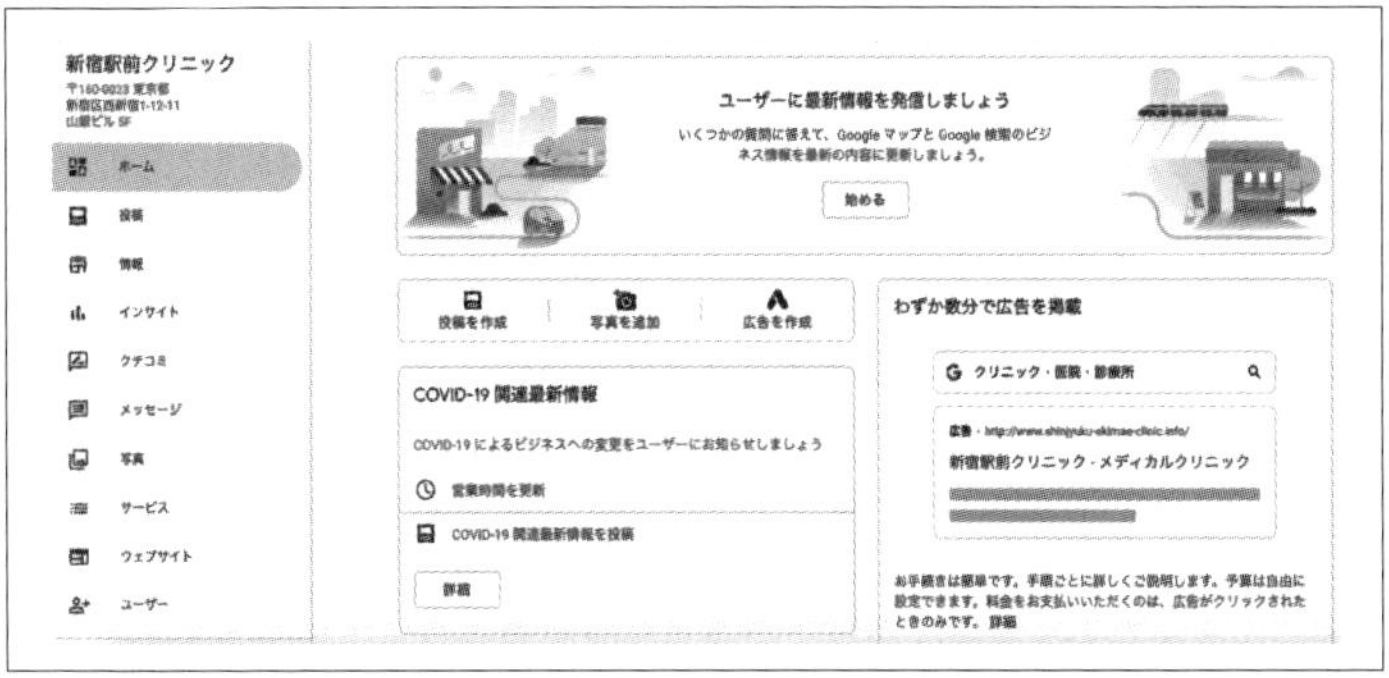

【図表10　グーグルマップでの検索結果】

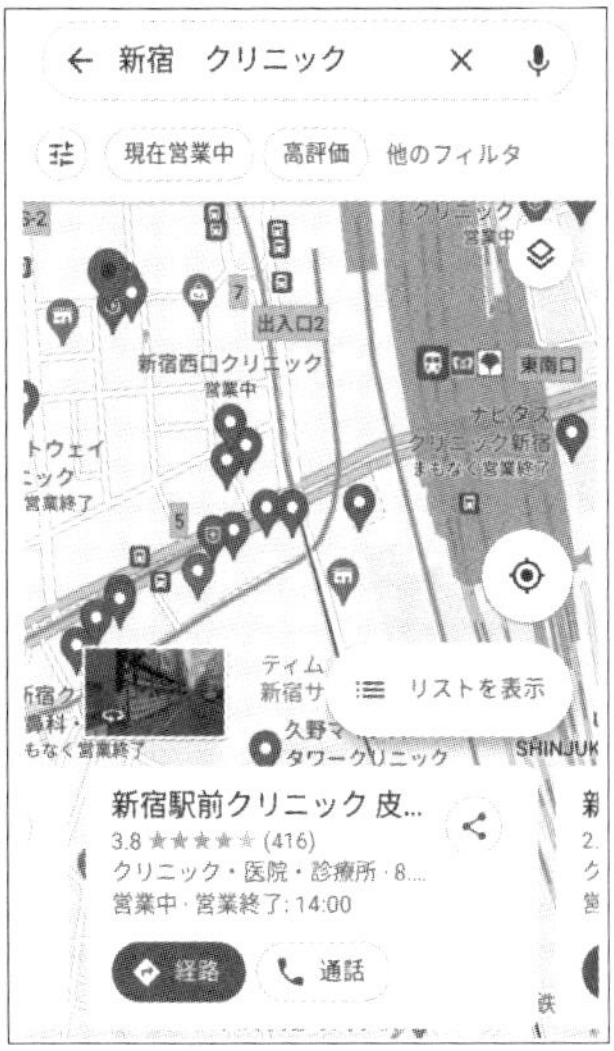

【図表９　検索結果に表示される
グーグルマイビジネス】

グーグルマイビジネスを設定管理することで、キーワード検索やグーグルマップ検索などの地図検索結果に、自店舗の情報がくわしく掲載されます。施策を徹底して上位での表示を目指しましょう。

い私の願いです。

グーグルマイビジネスがしっかり登録されていないと、自然検索が上位表示されている店舗のホームページでも、地図検索で上位表示されていないこともあり、これは非常にもったいない話です。

検索結果は地図検索のほうが優先的に表示されるのがグーグル検索の仕様傾向なので、自然検索に上位表示されているだけでは、今後ますますインターネットの集客効果が薄れてしまう一方です。

また、キーワード検索ではなく、グーグルマップを使った地図検索では、検索結果にホームページへのリンクは表示されません。

ですからとにかく、まずはグーグルマイビジネスへの登録を行いましょう。

3　グーグルマイビジネスでこれだけはやっておきたいこと——設定編——

アカウント作成と初期設定

それでは実際にグーグルマイビジネスへ登録し、内容を充実させて、地図検索で上位表示させるための準備を開始します。

なお、スタート時のいくつかの手続は、スマホでは非対応のこともあるので、パソコンで行うことを推奨します。パソコン操作が極端に苦手だという方は、このときだけはパソコンの得意な人に協力してもらうといいでしょう。その後の日々の更新については、スマホの直感的な操作だけで十分対応できるのでご安心ください。

まず最初の設定として、店舗専用のグーグルアカウントを作成します。オーナーやスタッフのアカウントをそのまま店舗用としても使用する、といった方法もできなくはないですが、更新をほかの人が行うことも多々あると考えられるので、店舗専用のアカウントをつくっておくことが望ましいです。

アドレスバーに「https://myaccount.google.com/」と直接入力するか、「グーグルアカウント作成」といったワードで検索して、グーグルアカウント作成サイトに入りましょう。あとは手順にしたがって、必要な項目を設定していけば、店舗専用のグーグルアカウントを取得することができます。

姓名の欄には、姓に店舗名の主たる部分、名に「クリニック」や「美容院」や「工務店」といった業態部分などを入れるのがいいでしょう。たとえば私の経営する医院であれば、姓に「新宿駅前」、名に「クリニック」を入力する、といったかたちです。

生年月日の欄には、店舗の開店日ではなく、オーナーの誕生日を入れるのを推奨します。

これら初期に設定するものたちは後からでも変更可能ですので、あまり力を入れすぎず、気軽に進めていきましょう。ちなみに店舗専用のグーグルアカウントが取得できれば、グーグルマイビジネスだけでなく、Ｇメールや、グーグルカレンダーなど、各グーグルサービスが、基本無料で利用できるようになります。余裕がある際に、これらについても触れてみて、使いやすさを確かめておくといいでしょう。

ビジネスオーナー確認する

いよいよグーグルマイビジネスの店舗情報を、オーナーサイドとして設定していく段階です。

グーグルマイビジネス内にアクセスすることになるのですが、まずは入力者が店舗のオーナーであることを、グーグルに認識してもらう必要があります。

グーグルマップを開き、店舗の住所や店名で検索にかけましょう。自店舗を見つけることができたら、店舗情報の詳細を確認してください。「このビジネスのオーナーですか？」と表記されていたら、オーナー確認がされていない状態です。「このビジネスのオーナーですか？」と表記されている箇所をクリックし、手順にしたがって店舗情報を入れていきましょう。

この設定の最後に、最終的なオーナー確認手段として「電話」か「ハガキ」を選択することになります。電話にした場合、「通話」をクリックすることでグーグルから電話がかかってきます。確認コードが電話口から伝えられるので、それをコード入力欄に入れることでオーナー確認完了となります。ハガキにした場合は、後日グーグルからハガキが送られてくるので、記載されている確認コードを入力することになります。

グーグルマップで店舗を検索する際、自店舗を見つけることができなければ、自身で店舗を登録することになります。店舗の住所で検索し、地図上に表示されたアイコンを右クリックをすることで「ビジネス情報を追加」という旨のメニューが表示されるので、店舗情報を追加しましょう。その後の操作は先ほどと同じです。

また、住所を入力する際のポイントとして、ホームページに記載している住所と必ず一致させるようにしましょう。大文字と小文字、全角と半角といったちょっとした違いであっても、グーグルから同一の住所と認識してもらえない可能性があります。したがって、ホームページに記載している住所をコピーして貼り付ける方法が無難です。

店舗情報を入力する

オーナー確認が完了したら、グーグルマイビジネスの管理画面に行ってみましょう。いろいろなメニューがあったり、数字が並んでいるので、何をすればいいのか迷ってしまいがちですが、最低限のやるべきことは少ないので安心しましょう。

まずは「情報」にて店舗の情報を細かく入れていきます（図表11）。

店名、カテゴリー（メインカテゴリー、追加カテゴリー）、営業時間（定休日、祝祭日、特別営業時間）、電話番号、店舗ホームページURL、予約サービスURL、サービス内容、属性、ビジネス情報、開業日などが、主な入力事項です。ここも後から変更は可能なので、気張りすぎず、画面に表示される手順にしたがって進めていきましょう。

【図表11　グーグルマイビジネス「情報」の設定画面】

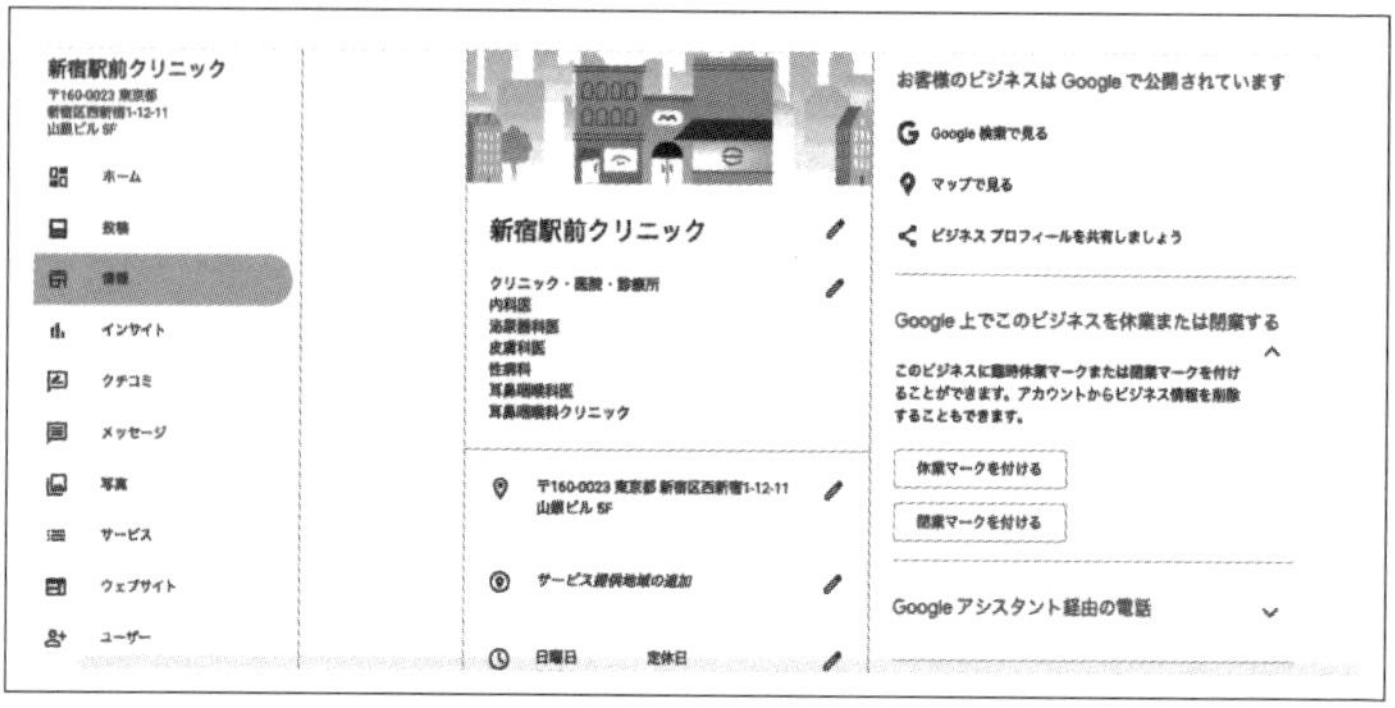

店名は必ず正式名称を入れましょう。「地図検索で上位表示されたいから」という安直な理由から、店名以外のキーワードを入れると、ガイドライン違反となり、最悪の場合はグーグルマイビジネスのアカウント停止となってしまうこともあります。

たとえば、飲食店でよく見るガイドライン違反が、店名の後に「おしゃれ」とか「デートに最適」といったキーワードを入れることです。こういった施策はやらないほうがよいです。

「カテゴリー」は大切にしたい店舗情報の1つです。検索に引っかかりやすくするための重要項目なので、グーグルが用意した業種一覧の中から、自身のビジネスにもっとも近いものをミスなく選びましょう。メインカテゴリーはもちろんのこと、追加カテゴリも重要で、設定できるカテゴリーがあれば、必ず登録してください。

もう1点、「営業時間」の設定にも慎重になりましょう。「あのお店、今日やってるかな」「この時間に行ける店はあるかな」というきっかけからグーグルマイビジネスの店舗情報を閲覧するユーザーはたくさんいます。もしグーグルマイビジネス内の情報では営業日なのに、いざ店舗へ足を運んでみたら臨時休業していた、というようなことがあると、ユーザーの心証を悪くしてしまい、低評価レビューをもらう原因にもなりかねません。

とくに、年末年始や夏休みなどの営業日と、休業日の入力は間違いのないよう気をつけましょう。

ビジネス情報を入力する

「情報」メニューの中には「ビジネス情報」という項目があり、自身のビジネスの詳細を７５０字以内で自由に表現することができます。

地域名、業種名、サービス名など、なるべく検索に引っかかりやすそうなワードを入れつつ、自店舗の強みやサービス内容をアピールしましょう。

何を書いたらいいのかわからない場合は、競合店舗のビジネス情報を参考にするといいでしょう。地図検索で他店舗を検索し、「情報（あるいは詳細）」という項目にて確認するのが簡単です。

ビジネス情報には、バリアフリーに対応しているかとか、トイレの有無、喫煙が可能かどうかや、飲食店であれば個室の有無など、細かい部分まで書き込みましょう。

１００字程度の簡潔な文章に抑えている店舗も見受けられますが、７５０字いっぱいいっぱい利用して、存分に自店舗のよさをアピールしてください。ユーザーへの訴求だけでなく、現在のところグーグルにも高い評価を受けやすいため効果的です。

【図表12　グーグルマイビジネス「情報」のビジネス情報画面】

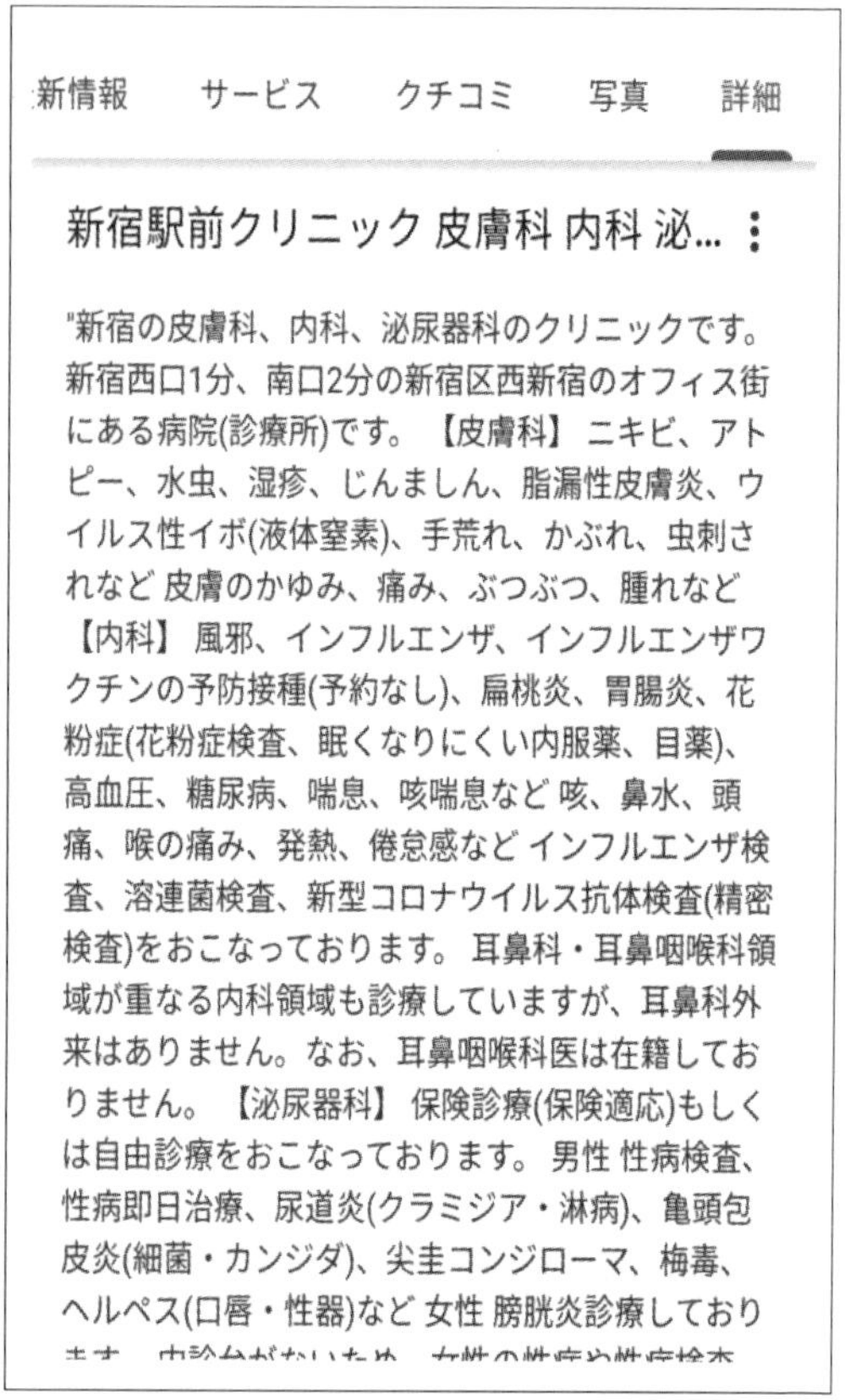
新情報　サービス　クチコミ　写真　詳細

新宿駅前クリニック 皮膚科 内科 泌...

"新宿の皮膚科、内科、泌尿器科のクリニックです。新宿西口1分、南口2分の新宿区西新宿のオフィス街にある病院(診療所)です。【皮膚科】 ニキビ、アトピー、水虫、湿疹、じんましん、脂漏性皮膚炎、ウイルス性イボ(液体窒素)、手荒れ、かぶれ、虫刺されなど 皮膚のかゆみ、痛み、ぶつぶつ、腫れなど【内科】 風邪、インフルエンザ、インフルエンザワクチンの予防接種(予約なし)、扁桃炎、胃腸炎、花粉症(花粉症検査、眠くなりにくい内服薬、目薬)、高血圧、糖尿病、喘息、咳喘息など 咳、鼻水、頭痛、喉の痛み、発熱、倦怠感など インフルエンザ検査、溶連菌検査、新型コロナウイルス抗体検査(精密検査)をおこなっております。 耳鼻科・耳鼻咽喉科領域が重なる内科領域も診療していますが、耳鼻科外来はありません。なお、耳鼻咽喉科医は在籍しておりません。【泌尿器科】 保険診療(保険適応)もしくは自由診療をおこなっております。 男性 性病検査、性病即日治療、尿道炎(クラミジア・淋病)、亀頭包皮炎(細菌・カンジダ)、尖圭コンジローマ、梅毒、ヘルペス(口唇・性器)など 女性 膀胱炎診療しており

ビジネス情報にはなるべくくわしい情報を入れましょう。

写真を追加する

「写真」メニューにて写真を設定しましょう。店舗の外観や内観、飲食店であれば料理、美容室であればカット例など、掲載したい写真はいろいろ思いつきますが、まず用意しておきたいのは「カバー写真」と「ロゴ写真」です。

【図表13　グーグルマイビジネスのトップに掲載されるカバー写真とロゴ写真面】

カバー写真はグーグルマイビジネスの顔の部分、トップに掲載される写真ですから、とても重要です。ひと目見て業種がわかるような写真を設定しましょう。どんなものが最適かは業種によって異なるので、これも他店舗を参考にするのがよいでしょう。私が経営している医院の場合は、院内の写真をカバー写真に設定しています。

ロゴ写真は、グーグルマイビジネスのトップに掲載されるほか、最新情報の投稿時にも掲載されます。店舗のカラーを印象づける上では重要な役割を示しているので、適切なものを設定しましょう。

オーナーの顔写真や、店舗のロゴや看板などがよいでしょう。当院の場合、院長である私の顔写真を設定しています。

そのほかの写真については、質だけでな

く量も大切となります。ユーザーにとって有益な情報を、写真でできるだけ掲載するよう意識しましょう。

オーナー側投稿の写真は、ユーザーの写真よりも優先的に表示されやすく、写真が店舗の第一印象を左右します。

ほかの機能も効果を試そう

以上が、グーグルマイビジネスにおいてこれだけはやっておきたい設定です。

グーグルマイビジネスにはほかにもさまざまな機能が搭載されているので、時間があるときにいろいろと操作してみるといいでしょう。

ひとまずは、つぎに紹介する「更新編」にある機能を利用してみるといいでしょう。

4　グーグルマイビジネスでこれだけはやっておきたいこと ―更新編―

最新情報を投稿する

グーグルマイビジネスは、サービス内容や営業時間といった店舗の概要設定だけでなく、定期的な更新がけもしておくことで、グーグルの評価が高まり、より地図検索上位表示を狙うことができます。

【図表 14　グーグルマイビジネス「最新情報」を投稿】

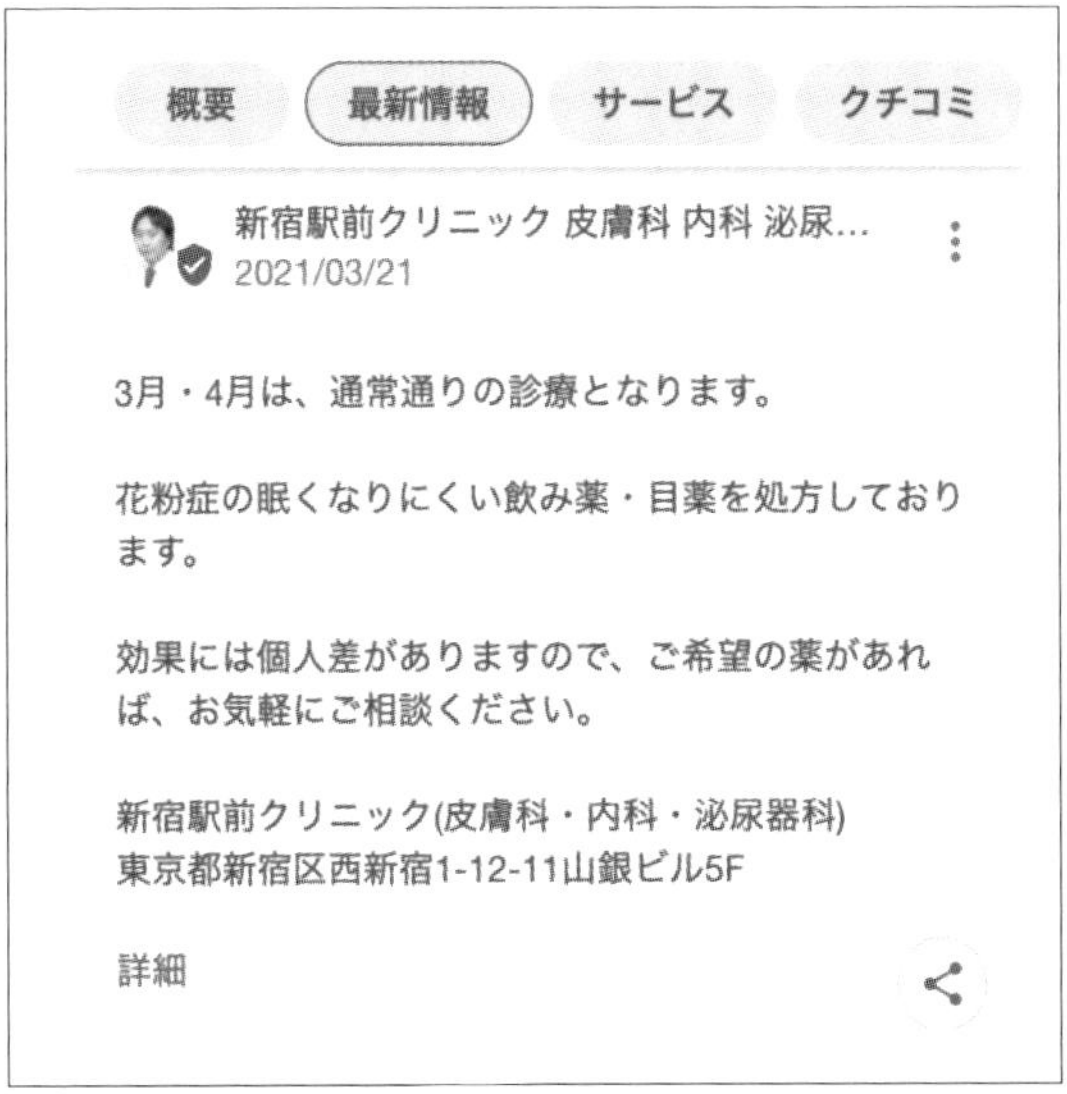

なかでも進んでやっておきたいのが「投稿」です。このメニュー内には、業種によりますが、「最新情報」「イベント」「特典」といった項目があります。とくに定期更新を推奨したいのが「最新情報」です。

「最新情報」では、その名の通り、店舗に関する最新の情報を投稿することができます。セールや新商品、混雑状況や予約状況などなど、ユーザーに早く広く知らせたいことを積極的に配信していきましょう。

「最新情報」は、1週間ほど経過すると最新の扱いではなくなり、ユーザーの目から届かない場所に格納されることになります。したがって、最低でも1週間に1度くらいのペースで投稿するのが望ましいです(図表14)。

口コミを管理する

「クチコミ」も定期的に更新をかけたいメニューです。

利用者からの口コミ（レビュー）が届いていたら、短文でもいいので返信しましょう。都度返信するのがたいへんであれば、未返信の口コミが溜まってきたら返信するでもいいでしょう。

利用者からの口コミ投稿があった場合、メールで通知が来るように設定することができますが、これを精神的な負担と感じる人も多いと思います。そういう場合は、設定メニューから通知が来ない設定にしましょう。私も通知はオフにしています。

口コミの具体的な管理方法については、第5章で紹介しますので、そちらを参考にしてください。口コミに1つひとつ返信しているほうが、やはりユーザーから見て店の印象はよい傾向にあります。店舗とユーザーとの心理的な距離が少しでも近づくよう、口コミにはなるべく返信するといいでしょう。

加えて、口コミは地図検索で上位表示されるための要因の1つにもなるので、この点からもなるべく返信するべきです。

インサイトをチェックする

「インサイト」は、「イン」という名がついているように、ユーザーに見られる部分ではなく、内部の人間である店舗側が、内的にチェックする材料が格納されているメニューです。

すなわち、ユーザーがあなたのビジネスを検索した方法(図表15)と検索語句(図表16)と検索やマップでの表示回数、ユーザーの反応、曜日ごとの電話の件数（図表18)、混雑する時間帯（図表17)、写真の枚数や閲覧回数など、グーグルマイビジネスとユーザーに紐づいたさまざまなデータを確認することができます。これぞまさしく、グーグルならではのサービスであり、これが無料で使えるというのは純粋にすごいことです。

とはいえ、データがあまりにも詳細かつ多岐にわたっているので、眺めていても何をどう活かせばいいのか迷ってしまうこともあります。店舗の業種にとっては、さほど参考にならないデータも多いかもしれません。

私自身も、インサイトで参考にしているデータは限定的です。

まずなんといっても重視しているのは「ビジネスの検索に使用された検索語句」（図表15）です。どのようなキーワードでグーグル検索および地図検索されると、当院のグーグルマイビジネスが表示されるのかわかります。

業種的に、季節によって検索されやすいワードにも大きな動きがあるのが当院の特徴です。ですのでこの検索語句のデータを参考にすることで、どの時期にどういったワードを重視した広告を掲載することで、より効果的な集患を達成できるかの、参考にできるわけです。

また、「ルートのリクエスト」にて、ユーザーが店舗までのルートを検索した場所を知ることもできます。新宿という土地柄、さまざまな場所から当院の検索はかけられるのですが、どの地域に

【図表 15　グーグルマイビジネス「インサイト」 検索語句】

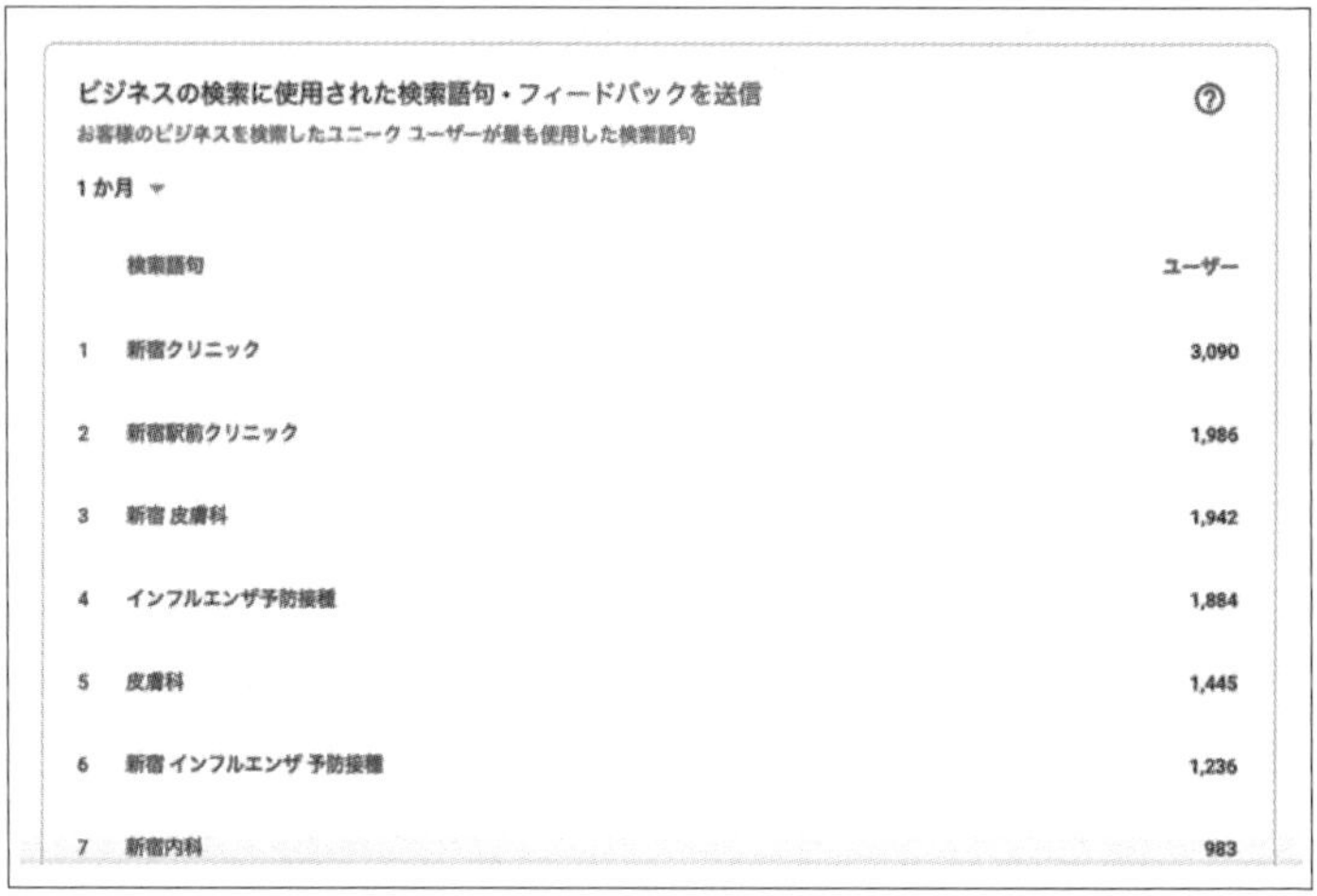

【図表 16　グーグルマイビジネス「インサイト」 検索数】

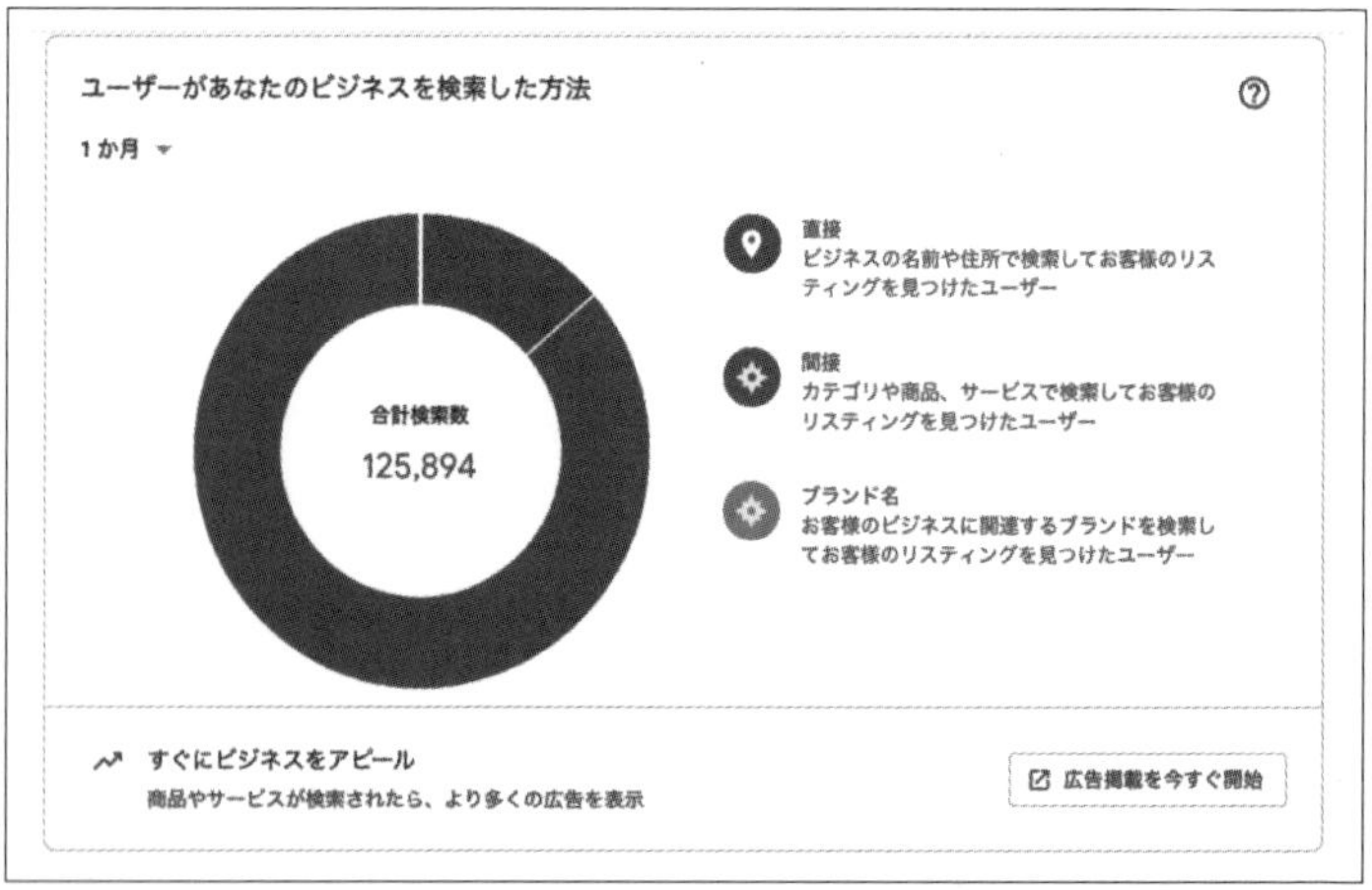

【図表17　グーグルマイビジネス「インサイト」 混雑状況】

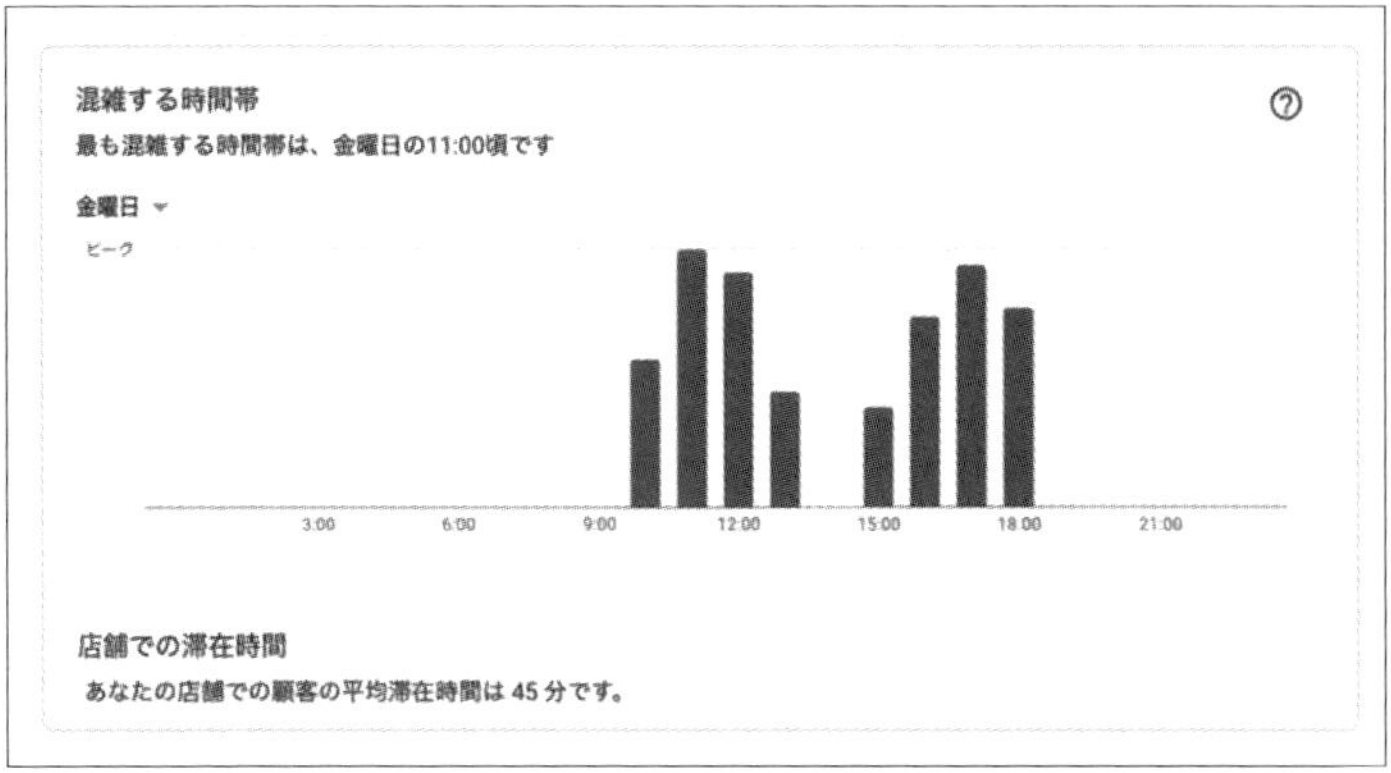

【図表18　グーグルマイビジネス「インサイト」 電話回数】

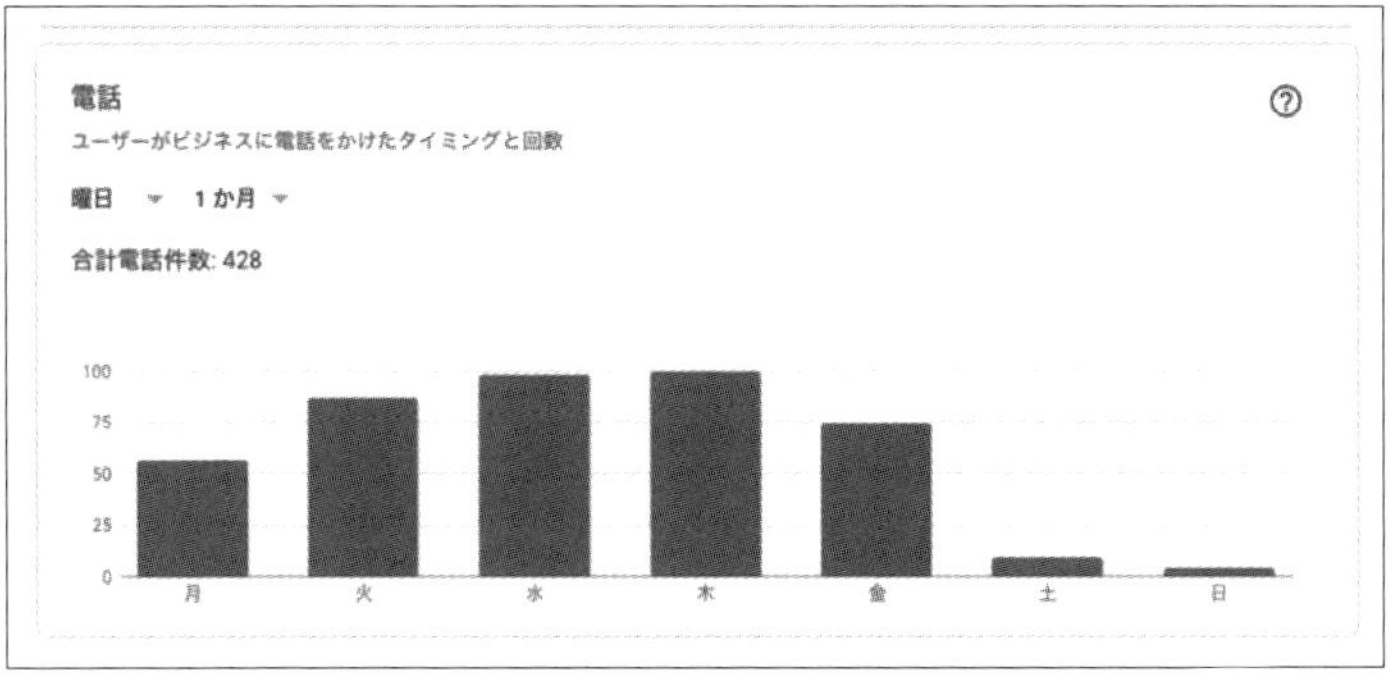

インサイトではさまざまなデータが確認できます。役立つデータは業種によって異なります。定期的にチェックするのをおすすめします。

向けてより広告に力を入れるべきかの参考になります。

具体的なインターネット広告に関する話は第4章で説明しますが、このようにインサイトを利用して、広告などほかのインターネット集客方法への参考にすることができます。

インサイトではほかにも数々のデータを解析掲載してくれているので、実際に確認してみるといいでしょう。有効活用できるデータは、業種によってまちまちだと思うので、どのデータを重視し参考にするかをまずは見極めるといいでしょう。

更新がけは「マスト」ではなく「ベター」

更新は定期的に行う必要があり、苦手な人や本業務が忙しい人にとっては、負担に感じられることも多々あります。

私の場合は、インターネットでの施策が好きなタイプなので、最新情報の投稿やインサイトのチェックを苦に感じませんが、こういった作業はなるべくならやりたくないという方もいらっしゃることでしょう。

更新は必ずしも、やらなければいけない「マスト」の作業ではありません。負担に感じたら、やらないという選択を選んだほうが、肩の荷を軽くし無理なく本業へ専念できるので、結果的に店舗経営にプラスの影響を与えることも考えられます。

設定編で紹介したグーグルマイビジネスへの登録と、店舗の基本情報を打ち込んだら、後は放置というのも1つのやり方です。

ただ、更新はマストではないものの、やっておいたほうが「ベター」なことに間違いありません。無料でこれだけの宣伝効果をもたらす、たくさんの人たちに自店舗のことを知ってもらえる威力を持った施策はないのです。

ですから、できることなら、たとえオーナー自身がこういった作業を苦手としていても、周りでパソコンやスマホを使うことに慣れている人に、これら更新作業を手伝ってもらうことを推奨します。

5　地図検索上位表示のコツ

強いのはやはり駅や商業施設の近く

本章の最後に、地図検索上位表示のためのコツを紹介します。

まずは、スマホを使用するユーザーの位置情報を取得するGPS機能についてです。

GPS機能は、スマホごとでオンとオフの切り替えができます。

GPS機能をオンにしているときに、たとえば「地域名　業種名」でキーワード検索をしたら、現在位置から近い店舗ほど上位表示されやすい傾向にあることは、すでに説明した通りです。

では、GPS機能がオフになっているときに「地域名　業種名」を入れて検索するとどうなるかというと、どうやらグーグルの仕様として、GPS機能をオンにして同じ地域名で検索しているほかのユーザーの情報や、ユーザーの検索履歴などを活用しているようです。

いずれにしろ確実にいえることは、多くの方が地域名で検索をかける機会が多い場所、すなわち人の密集する場所の近くに店舗を構えれば、地図検索結果でより上位表示されやすいことになります。

駅や商業施設の近くというのは、いまも昔も変わらず、集客において大きな武器になるということです。これから店舗の物件を探すのであれば、インターネット集客をするなら、多くのユーザーがスマホで検索をかけやすい、人の密集する場所付近がいいでしょう。

ただし、「高さ方向」は上位表示に関係はないようなので、インターネット集客においては1階部分にこだわる必要はありません。家賃が比較的安い傾向にある空中階も視野に入れることで、コストを抑えながら、地図検索の効果を最大限に利用したインターネット集客が可能となります。

高まるグーグルマップへの依存度

近年はキーワード検索ではなく、地図アプリから直接、お店を検索にかける人が多くなっています。

たとえば地図アプリを開き、自身の位置情報が表示された状態で、「レストラン」で検索にかければ、付近の候補がいくつか表示されます。表示順は、近ければ近いほど、レビューが高ければ高いほど、上位に来る傾向です。

要するに、これからの時代は、もっともシェアの高い地図アプリであるグーグルマップで、上位表示を目指すことが重要となっていくでしょう。

この検索結果では、レビューの星の数が強調されて表示されているため、やはり口コミの管理が重要な鍵を握っていくものと思われます。

グーグルマイビジネスへの登録は絶対として、口コミマネジメントも、無理のない程度に更新をかけていくことが望ましいです。

地図検索の表示順位は頻繁に変動する

地図検索の表示順位は、グーグル側でも日々試行錯誤しているのか、頻繁に変動しているのが現状の傾向です。

やや専門的な表現を使えば、自然検索と同様に、地図検索の順位決定アルゴリズムも、大幅な変更が定期的に行われていることになります。

また、キーワードや位置情報が同じであっても、時間帯によって順位が異なることもあります。

以上の点から、上位表示されていたとしても、突如として下落することもあります。

ポイントとなるのは、順位に一喜一憂するのではなく、グーグルの意向を汲みつつ、順次対応し最適化していく姿勢です。

グーグルがこれほどまでに地図検索の面倒見がいいのは、今後も大きな収益をグーグルにもたらすものであると確信しているからです。そのグーグルの先見の明とアップデートに、私たち店舗が乗らないわけにはいきません。

断言できるのは、MEOに力を入れている店舗ほど、グーグルが心強いバックアップをしてくれることです。第1章で「グーグルを味方にしましょう」と提案した通り、グーグルの無料サービスを、思う存分駆使し、自店舗への集客率向上へつなげましょう。

設定したら放置するのではなく、事あるごとにグーグルマイビジネスの管理を行うことで、グーグルからの信頼度は確実に増します。

本章では地図検索上位表示についてさまざまな視点から伝えてきましたが、「グーグルに気に入ってもらえるよう、グーグルマイビジネスを使い倒す」、すべてはここに集約されているわけです。

・地図検索で上位表示されているか実際に検索チェックする。
・営業日やサービス内容やメニューなど、ビジネス情報を定期的に見直す。
・店舗の新情報や写真などをこまめに追加する。
・無理のない範囲で口コミにも対応する。
・インサイトを活用して有力なデータを抽出し参考にする。

これらグーグルマイビジネスの無償サービスを駆使して、検索ユーザーに店舗を見つけてもらうチャンスをたくさん増やしていってください。

第4章

インターネット上に広告を出そう

1　インターネット広告は「放置型」集客

費用対効果を見極めながら広告を出す

少し前までは、店舗ビジネスの広告というと、ポスティングや新聞折り込みなどのチラシの配布や、街中の看板設置が中心でした。

しかしスマホが普及し、顧客自身が店舗をキーワード検索で探すようになるにつれ、チラシや看板は以前よりも効果が薄れつつあります。

現代はインターネット広告、とくにグーグルとヤフーの検索連動型の広告が、費用対効果の高い広告の1つとして知られています。

実際にどれほどの効果があるのか。私がアドバイスを行った店舗ビジネスの例を紹介しましょう。

地元に根づいた工務店を営んでいる知り合いから、「新しい集客方法を探している」という相談を受けました。私は検索連動型の広告を提案し、「レストラン　内装」といったキーワードと地域名で、工務店の広告が出るようにする広告掲載方法を指南しました。

工務店と検索連動型広告の相性は抜群でした。検索結果に出た広告から、ユーザーは工務店のホームページへ直行することができます。ホームページには質の高い施工事例がいくつも掲載されており、訪問したユーザーに実績を大いにアピールすることができたのです。結果、問い合わせ率が上がり、新規顧客をたくさん獲得することが叶いました。

チラシの配布や街の看板では、これほどの効果は期待できなかったことでしょう。質の高いホームページをただ構えるだけでなく、このようなホームページへ訪問するための導線を引くことで、予想を上回る集客に成功し、知り合いにはたいへん喜んでもらえました。

店舗ビジネスのコンサルティングをしていて、こういった検索連動型広告の提案をすると、店舗オーナーから「うちの業界は広告を出すほどではない」とか「広告を出す予算がない」と拒絶されることがよくあります。

結論としては、顧客1人当たりの利益が大きい業種ほど、グーグルやヤフーの検索連動型広告を出したほうが費用対効果がよいということになります。

インターネット広告にはいくつか種類がありますが、店舗ビジネスのオーナーに向けてまず何より推奨したいのが、この検索連動型広告なのです。

手軽にやれて、データも取れる

駅前に大きな看板広告を出すのには莫大な費用がかかりますが、インターネットであれば低コストから広告を出すことができます。

やり方も決して難しいものではありません。一度設定してしまえば、定期的に調整するだけで基本放置してもよいため、日頃の手間もかかりません。外部に委託せずとも自力で行うことが可能なので、手数料など諸々のコストも抑えることができます。

加えて、チラシや看板とは違って、いつでも何度でも広告の内容を気軽に打ち直すことができます。広告のクリック率を筆頭としたさまざまな正確なデータを参考にしながら、より集客効果の高い広告へと磨いていける点は、インターネットならではの利点といえるでしょう。

本章を参考に、ぜひインターネット上に広告を出し、その効果を感じてください。

検索連動型広告とは

ここまで何度か登場した通り、本章では、「検索連動型」のインターネット広告のみに絞って説明していきます。

検索連動型広告については、説明するよりも、見ていただくのがいちばん早いでしょう。

なんでもいいのですが､グーグルやヤフーの検索画面にて、たとえばお住まいの「地域名」と「美容室」を入力して検索にかけると、検索結果の上部や下部などに「広告」と称して、美容室のサイトへのリンクが掲載されているのが確認できるはずです。これが検索連動型広告です。

もしあなたが美容室のオーナーで、店舗を構えている「地域名」と「美容室」の2つのワードで検索したときに、検索結果画面の上部にあなたの店舗の広告が表示されたら、それが絶大な宣伝効果をもたらすことは想像に難くないはずです。

ここで大事なこととしていっておきたいポイントは、検索結果画面に表示されただけでは「費用

【図表19　当院の検索連動型広告】

広告・https://www.shinjyuku-ekimae-clinic.com/ ▾　03-6304-5253

新宿駅前クリニック皮膚科 - 予約不要ですぐに受診、保険診療

新宿駅西口1分、南口2分。平日19時まで、土日祝休。肌のかゆみ、アトピー、ニキビ、湿疹、水虫、じんましん、ヘルペス、ウイルス性イボ、虫さされ、あせも、脂漏性皮膚炎、手荒れ、帯状疱疹など。常勤医師5名・新宿郵便局前・検査結果をネットで確認。

が発生しない」ことです。検索連動型広告は、広告を見て、気になった人が広告をクリックしたとき、店舗側に広告費用が発生する仕組みになっています。

ちなみに検索連動型広告は、インターネット広告の中でもとくに、「リスティング広告」の1つとされています。リスティング広告にはほかにディスプレイ広告があるのですが、ディスプレイ広告はリスティング広告とは違い、キーワードを検索したユーザーに表示させるのでなく、年齢、地域、サイト閲覧履歴などから、グーグルやヤフーなどと提携したサイトの広告枠に、バナーを表示させます。

ディスプレイ広告は運用していくにはテクニックが必要なため、店舗ビジネスを営んでいるオーナー自身が運用することはあまりおすすめしません。

それ以外にも、フェイスブック広告、ユーチューブ広告などもありますが、同様におすすめしません。

新規開店時こそしっかり広告

通常、新規開店したばかりの時期というのは、地域に住む人に認知されておらず、来店客は少ない傾向です。

当然の話ですが、広告をしっかり出して、顧客獲得と売上アップを目指すことになります。そこで、チラシを配るだけでなく、検索連動型の広告を仕掛けてみることをおすすめします。理由については これまで説明した通りです。

後ほど詳しく説明しますが、1回目の来店では利益が出ないレベルで広告費をかけたとしても、顧客にリピートしてもらうことによって、大きな見返りを得ることができます。

「新規開店でお金に余裕がない」という理由で、インターネット広告を出さないのは非常にもったいない話です。自動車の走りだしと同じで、軌道に乗せるまでには並々ならぬパワーが必要です。検索連動型広告の力に頼りましょう。

2 SNSは活用するべきか?

SNSの更新頻度は好みに応じて

「店舗のSNSは運用するべきか?」「SNSを広告として営業利用するべきか?」という質問をよく受けます。

ライン、ツイッター、フェイスブック、インスタグラムといった主要なSNSは、アカウントを開設してホームページとの紐付けを行っておくことは重要ですが、必ずしも定期的に情報発信する必要はないと、私は考えています。少なくとも優先順位は低いです。

SNS運用は、好みや向き不向きがあります。毎日のようにSNSを楽しんで利用できるスタッフがいるなら別ですが、このような作業が苦痛と感じるのでしたらこまめな更新は不要です。

SNSでの集客を目指すなら、ホームページを新規制作およびリニューアルしたときや、新サービスやキャンペーンの実施、話題になりそうな出来事があった際に、SNSで発信し、友人や知人にも拡散してもらうようにしましょう。オーナー本人が個人のアカウントで拡散するだけでなく、スタッフにも拡散を協力してもらうとよりよいでしょう。

SNSからの流入はSEOにおいてもプラスに働くこともありますが、毎日のように更新するほどの効率がないケースも少なくないことを覚えておきましょう。SNSが好きで、店舗アカウントを管理するのが苦ではないのなら、効果を見極めながら続けていく、くらいのスタンスが望ましいです。

飲食店、美容室、ネイルサロンなどの、写真や動画が有益な情報となり得る業種においては、インスタグラムが有効なこともあります。業種によって効果的なSNSがあるかどうか見極めることも大切になります。同業他店舗を参考にするとよいでしょう。

逆効果にならないかも注視

SNSは使い方次第で、いいほうに向かうこともあれば悪いほうに向かうこともあります。

安売りやキャンペーンといった店舗の宣伝ばかりだと、「宣伝がしつこい」と感じたユーザーはミュートやブロックをかけ、交流を遮断されてしまう可能性がありますし、足を運ぶ気を失わせてしまうこともあり得ます。だからといって顧客との交流やスタッフの日常を発信したところで、ユーザーはまったく必要としておらず、集客効果はほぼ期待できないのです。

「顧客とリモートでコミュニケーションできるから、SNS の利用価値は大きい」という人もいますが、これもよし悪しあるかなと感じています。

SNS 経由で友達やフォロワーが増えたとしても、その地域に住む見込み客とは限りません。全国展開しているチェーン店ならいいのですが、地域限定の店舗ビジネスの場合、遠く離れたところに住む人と密度の濃いコミュニケーションをとっても、顧客として常連化してくれるかは、業種によって差はあれど、微妙な線といえます。

顧客とのコミュニケーションの点でいえば、わざわざ店舗のアカウントでする必要はなく、個人どうしのアカウントでつながればいいわけです。個別でやりとりする方針のほうが、顧客ごとの需要に沿ったコミュニケーションがとれるので、効果が大きいと考えられます。

小規模で運営される店舗ビジネスは、大きな網を張る事業ではありません。1人ひとりの顧客との交流を大切にすることでつないでいく事業ですから、店舗アカウントにて全体運用を図るよりは、個別に対応していくことの方が重要となっていきます。

以上の点から、SNS での集客に力を入れるよりは、グーグルマイビジネスの最新情報更新や、口コミの返信を重視するほうが、費用対効果が高いといえます。

３　広告費はいくらかけるべきか――広告費の考え方――

目安は１人あたり１０００円

「どのくらい広告費用をかければいいのでしょうか？」

という質問は、店舗ビジネスをしている方の相談に乗る際、頻繁に受けます。

ここではいよいよ本題として、広告費にいくらかけるべきかのシミュレーションをしていきましょう。

広告を出すことに恐怖を感じている人は多いようですが、ここから先を読むことで「大きな費用を出さずに広告の効果を確かめることができるんだな」ということが理解でき、インターネット広告への恐怖心や警戒心は薄れ、すぐにでも広告を出してみたくなるはずです。

インターネット広告のいいところは、これまでも何回か述べた通り、費用のコントロールがしやすい点です。月ごとの広告費の上限を決めつつ、定期的に調整するだけで基本放置で回すことができるので、非常に費用対効果が高い広告運用方法となっています。

また、広告の効果が出て想像以上の方が来店するようになったら、広告費を抑えるといった調整がすぐに行えます。また逆に、顧客が減ってきたタイミングで広告を強く押し出すこともできます。

チラシや街角の看板ではなかなかこういった柔軟な広告運用は発揮できません。

さて、いきなり結論になります。1人あたり来店するのに、広告費を「1000円」以上払っても利益が出るビジネスであれば、検索連動型広告を出す価値があります。

例外としては、既に地図検索や自然検索で上位表示を達成できている場合は、すでに施策が万全なのでわざわざ広告を出す必要はないでしょう。また1人あたりの来店に広告費1000円を出しても採算が合わない計算であれば、広告を出す必要はありません。

1人あたり来店するのにかけることのできる広告費

さらに深く詳しく広告費について説明しましょう。

計算は少し複雑ですが、売上、経費、利益などから、広告費にどれくらいかけるのが適切か計算することができます。

1人あたり来店するのにかけることのできる広告費の算出には、1人あたりの顧客の「生涯の売上と経費」が関係します。

たとえば、1回1時間のカット料金が5000円の理容室があったとします。

理容師の1時間あたりの時給に加え、店舗の家賃や材料費など、諸経費が合計で3000円だったとしましょう。

差し引くと、1人あたり2000円の利益が見込めることになります。

さらに大事なこととして、1回来店した顧客の中には、リピートする人がいます。

仮に、1回来店すると平均して2回リピートするなら、合計3回来店することになります。

つまり1人あたりの広告費を除いた利益は、次のような計算ができます。

生涯の売上（1回5000円×3回分）－経費（1回3000円×3回分）＝6000円
よって、1人あたり来店するのにかかる広告費が6000円未満であれば、広告を出しても利益がきちんと出ることになります。

このような考え方で、あなたの店舗ビジネスにおける妥当な広告費を算出することができます。ポイントとなるのは、顧客1人あたりの利益見込みとリピート回数です。これらをきちんと算出し、広告費の目安を決めましょう。

利益が正確に出せない業種や、リピート回数の計測が難しい業種もあることでしょうが、ここで私は厳密な計算を求めているわけではありません。

理解してほしいのは、多くの店舗ビジネスは、1人来店するのにかかる広告費に1000円以上をかけても十分に利益を出すことができるという事実です。

つまりは、あらゆる店舗ビジネスにおいて、検索連動型広告を出す価値があるということです。

それでは、仮に1人あたり来店するのにかける広告費を1000円と決めたとして、最終的な広告費を算出しましょう。この計算は簡単です。

1か月100人を新規顧客として獲得したいなら、1000円×100人＝10万円が、1か月にかけられる広告費の目安になります。200人集客したいなら20万円、50人なら5万円、10人なら

1万円ということです。

街看板や新聞のチラシではなかなかこのような額で広告を出すことはできません。無理のない広告費で、思考錯誤しながら、好きなタイミングで広告を出し入れできるのは、インターネット広告の素晴らしい利点です。

閑散期ほど強気に広告を出そう

一般的に、固定費が一定の事業なら、顧客獲得の見込みが低い閑散期ほど、広告を多く出すべきです。固定費とは売上の増減にかかわらず発生する一定額の費用のことで、店舗ビジネスであれば人件費や家賃などが該当します。

顧客の来店が減り、売上が落ち込むと広告費を抑えたい気持ちに駆られるオーナーも多いようですが、閑散期ほど強気になって、むしろ広告費を増額して新規顧客獲得に努めるべきです。

逆に来店の多い繁忙期に入ったら、広告がなくても来客が期待できる時期なので、広告に回す費用を落とすといいでしょう。

このような調整をかけることで、閑散期と繁忙期の売上のばらつきを抑え、盤石な経営を達成することができます。

なお、店舗ビジネスではなくインターネット通販などの、固定費が一定でない事業では、閑散期より繁忙期に広告費を多くかける傾向にあります。

４　広告費はいくらかけるべきか――入札の仕組み――

検索連動型広告は入札方式

話を検索連動型広告に絞って、広告費の適正な額を算出していきましょう。

まず検索連動型広告の広告費は、一定額で決まるものではありません。

『『理容室』というキーワードで検索した際の、検索結果画面上部の広告費は○○円です』というように、固定されているわけではないのです。

ではどのように決められているかというと、「入札」によって決められています。

「新宿　内科」でキーワード検索したときの入札価格を例にして考えてみましょう。

時期によって差はありますが、「新宿　内科」で検索結果の最上位に広告を表示させるには、１５０～２００円というのが相場になっています。

ただし新宿は激戦区なのでこの価格ですが、もう少し競争率の低い場所で、「地域名　内科」にて検索連動型広告を出したいなら、広告費の上限を１００円程度に設定していれば、１位表示されます。

もし「地域名　業種名」で入札したのに広告表示されず、同業他店舗が表示された場合、それは他の入札者の入札額のほうが高い可能性があります。この場合は入札額を調整して、適正な広告費を模索していくことになります。

表示されただけでは費用は発生しない

検索連動型広告において知っておいてほしい大事なことは、検索結果に広告が表示されただけでは費用が発生しないことです。

ではいつ発生するのかというと、広告を見た人が気になって、広告をクリックし、店舗のホームページを訪問した瞬間です。

よって検索連動型広告の入札額は「1クリック○円」「クリック単価○円」という風に表現するのが一般的です。

ユーザーが検索し、検索結果に表示されるたびに広告費が発生すると思っている人がいますが、それは違います。この点はきちんとおさえておきましょう。

上限を決めて広告費を調整できる

「たくさんクリックされてしまったら、想定以上の広告費を払うことになってしまうのでは」という不安を抱く方もいますが、その点は心配無用です。

広告費には日ごとの上限を設けることができます。上限額に達した時点で、広告表示はされず、それ以上の広告費は発生しない仕組みとなっています。

たとえば「名古屋駅　整骨院」で検索された際の検索連動型広告に対して、１クリック１００円で入札したとしましょう。さらに上限金額を１日４０００円と設定すれば、１日あたり40クリックされた時点で広告表示されなくなる計算となります。

ただし注意しておきたいこととして、１クリック１００円に設定したとしても、必ずしも１００円で落札されるわけではありません。

ほかの入札者との競争率によるのですが、たとえば70円や80円程度で済むこともあります。１日４０００円を上限として、結局クリック単価が80円で落札となっていたら、50クリックまでは広告表示されることになります。

つまりグーグルは、上限以上に広告費を請求することはありませんし、入札額を上回るようなクリック単価になることもないのです。値段の設定入力さえ間違えなければ、予算オーバーで首が回らなくなるような事態は絶対にないので、安心しましょう。

低額から、楽しみながらやるのがおすすめ

検索連動型広告は、こちらが想定した広告費以上にお金がかかることはありませんし、いつでも設定解除が可能です。思っていたほど効果がなかったり、もしくは想定以上の集客効果があったために調整したい場合などは、広告表示を取りやめればいいわけです。

上限金額や入札額など、適度なチューニングは必要となりますが、一度整えることができれば、

あとは放置しているだけで自動集客ができます。

低費用からでも広告掲載は可能ですから、気軽にいろいろと、効果反応を楽しみながらやってみるといいでしょう。具体的なやり方については、本章の最後で紹介します。

5　広告費はいくらかけるべきか―ホームページとの連携―

大事にしたい「コンバージョン率」

繰り返しになりますが、検索結果画面に広告表示されただけでは広告費は発生しません。広告が気になって、ホームページへのリンクをクリックしたときに広告費が発生する仕組みとなっています。

ですから、検索される回数ではなく、検索結果から広告をクリックしホームページを訪れた人が、どのくらいの割合で顧客となってくれるかが、広告費に対する費用対効果を考える上で重要となります。

この、ホームページを訪れた人が実際に顧客となってくれる割合のことを、「コンバージョン率」と呼ぶことがあります。

ホームページに10人のユーザーが訪れ、そのうちの1人が顧客として店舗利用をしてくれたら、コンバージョン率は10％と計算できます。

このコンバージョン率の数字そのものは、業種それぞれによって異なります。コンバージョン率が1％でも、店舗の売上に大きく貢献してくれるような業種もあることでしょう。

ですから数字の大小はあまり気にせず、ここではコンバージョン率に対する考え方を大切にしてください。

1クリック100円で広告設定し、広告経由で10人訪れて、10人とも顧客にならない、つまりコンバージョン率が0％であれば、10クリック分の広告費1000円分丸損ということになってしまいます。

高品質のホームページで相乗効果を狙う

検索連動型広告を出す際には、コンバージョン率を想定しながら、1クリックあたりの入札価格を設定していくことになります。

つまり、ホームページの質が重要な鍵を握っています。広告をクリックし、ホームページを訪れたユーザーをどれだけ満足させられるかが、コンバージョン率アップを左右させます。

この点から、ホームページの制作管理を、自作ではなく専業に任せることが、いかに大事であるかがわかります。どれだけ広告に力を入れても、コンバージョン率が高まらない限り、売上アップにはつながらないのです。

単純な話、ホームページのコンバージョン率が5％から10％へと2倍に上昇すれば、広告の費用対効果も2倍です。

ですから、何よりもまずは顧客に選ばれるホームページづくりに力を入れるべきであり、本章の検索連動型広告を実践する段階は、第2章で紹介したSEO重視のホームページづくりが一段落した時点が最適ということになります。

ホームページと広告の連携によって、抜群の集客効果が得られるわけです。

適正な入札価格

広告費に関する仕上げとして、ホームページのコンバージョン率も踏まえた上での、広告費の適正価格を再検証しましょう。

パーセンテージで考えると混乱することもあるので、「何人ホームページに訪れれば顧客が1人つくか」という考えかたで進めます。

1人来店するのにかけられる検索連動型の広告費を「1000円」と決めていたとしましょう。さらにホームページのコンバージョン率が10％、つまり10人ホームページに訪れて顧客が1人つく計算だったとします。

広告経由でホームページを閲覧した人の10人に1人が、実際に来店し、商品購入やサービス利用することになります。

つまり、広告クリック10回分に、広告費1000円の価値を見出せるということとなり、検索連

動型広告の1クリックあたりの単価は、

１０００÷10＝１００円と算出できます。

「地域名　業種名」といった検索されやすいキーワードの検索連動型広告を、1クリック上限１００円で入札すれば、十分な費用対効果が期待できることになります。

理容室のようなサロン経営であれば、1人あたりの顧客にかける広告費は高くても数千円程度ですが、客単価の大きな業種であれば、広告費の上限はより跳ね上がります。

たとえば工務店が内装工事を受注したい場合を考えます。

わかりやすく、1回の工事につき売上１０００万円、経費４００万円、差し引いて純粋な利益が６００万円とし、そのうちの60万円を検索連動型広告の費用に回すプランを立てたとしましょう。

検索結果の広告からホームページを訪れ、見積もりなどの問い合わせをしたり工務店まで足を運ぶ人が5％とし、さらに工事を発注する人がそのうちの1％としましょう。つまり、コンバージョン率は０・０5％、２０００人が広告をクリックして、ようやく1人の顧客がつくという計算です。

この場合、1人あたりにかけられる広告費は次のようになります。

60万円÷２０００＝３００円

クリック単価３００円で入札すれば、十分な利益を見込むことができるのです。

もちろんこの計算に至るには、ホームページ経由で実際に問い合わせしてくれる人の確率（例では5％としましたが、ホームページのつくりや価格設定などで大きく変化します）や、発注に至るまでのコンバージョン率を検証していく必要があります。

グーグルの解析データを抽出したり、ホームページ制作管理会社に依頼しているのなら彼らに尋ねることで、これら数字を算定していくこととなります。

以上はあくまで架空の一例ではありますが、それだけの費用をかけて、施策を行うだけの見返りが、検索連動型広告にはあるということです。

6　検索キーワードや文章を考える

3つの「マッチタイプ」を知ろう

クリック単価やコンバージョン率、さらには広告予算の目安について説明してきました。続いては検索連動型広告の肝となる「どのような検索キーワードで広告を表示させるべきか」の話題へと入っていきましょう。

まず基礎知識としておさえておきたいのは、検索結果画面に表示される検索連動型広告には大きく、「完全一致」「フレーズ一致」「部分一致」の、3つの「マッチタイプ」があるということです。

それぞれの意味についてこれから説明しますが、私がもっとも推奨していて、本章で深く掘り下げていくのは完全一致のみとなります。

3つのマッチタイプについて、すべてを熟知する必要はありません。深い理解を要求することはありませんので、説明についてはさっと流す程度に読み進めてください。

まず完全一致ですが、これは読んで字のごとく完全一致したキーワード検索時のみ、広告が表示されるタイプになります。

たとえば「大阪　マッサージ」という2つのワードが、この順序の通りに検索されたとき、検索結果画面に広告が表示される。このようなタイプが完全一致です。つまり「マッサージ　大阪」では表示されませんし、「大阪駅　マッサージ」でもされません。

続いてフレーズ一致ですが、これは完全一致の条件を若干広げたようなタイプになります。

「大阪　マッサージ」のフレーズ一致であれば、「大阪　マッサージ　おすすめ」「深夜営業　大阪　マッサージ」といったワードで検索されると広告が表示されることになります。ただし語順は「大阪　マッサージ」でなければいけないので、「マッサージ　大阪　おすすめ」「大阪　近く　マッサージ」といったワードでは表示されません。

なお、２０２１年7月より、フレーズ一致の仕様変更が行われる予定ですので、２０２１年7月以降は、仕様変更内容について再度確認してください。

最後の部分一致ですが、こちらは一部のワードが含まれていたり、もしくはワードの一部が含まれていたり、関連するワードなどで検索されたときにも、広告が表示される、かなりの広範囲をカバーしたタイプです。

「大阪　マッサージ」の部分一致であれば、「大阪駅　マッサージ」「大阪　リラクゼーション」「マッ

【図表20　3つのマッチタイプの違い「大阪　マッサージ」の場合】

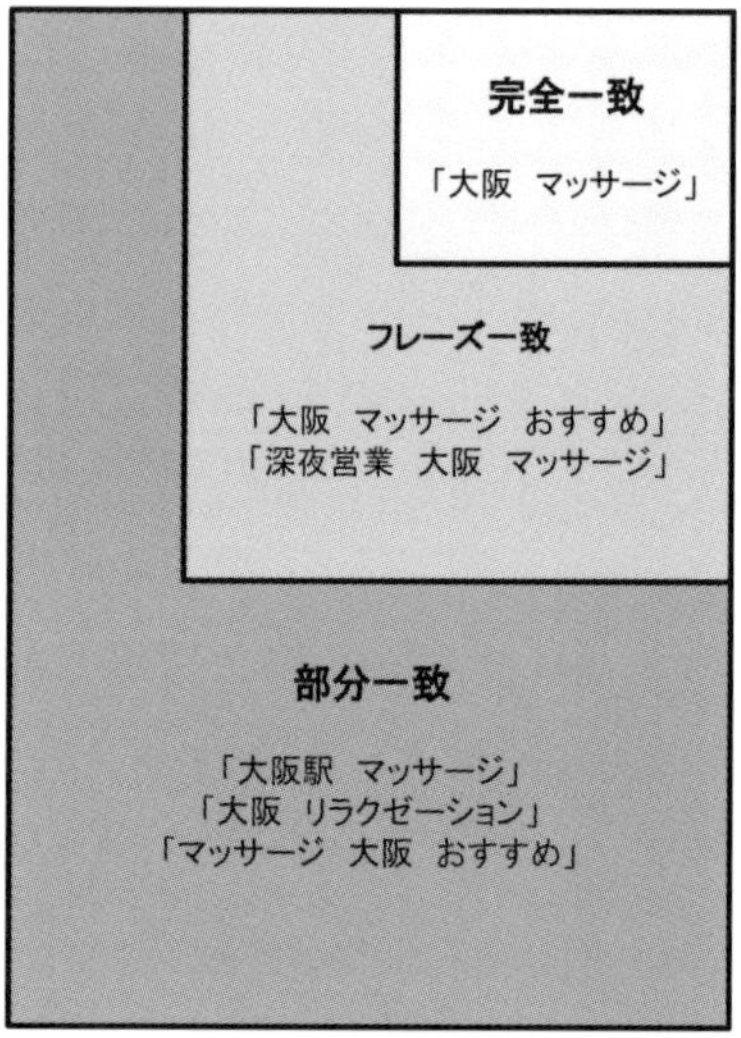

サージ　大阪　おすすめ」などなど、検索結果に広告が表示されるワードのパターンは豊富になります（図表20）。

つまり、検索ワードの「網の広さ」でいえば、完全一致がもっとも狭く、フレーズ一致、部分一致と広がっていきます。

完全一致で広告運用

コストを制御しながら検索連動型広告を運用するなら、完全一致を採用しましょう。

少なくとも、検索連動型広告を始めたばかりで慣れていない頃は、完全一致一本に絞ることを推奨します。

完全一致は検索に引っかかる対象をかなり限定できるので、無駄なクリックが発生しにくく、広告費を抑えることができるからです。

完全一致を利用する際は、たとえば梅田駅周辺のマッサージ店であれば、「梅田　マッサージ」で設定したら、逆の「マッサージ　梅田」も設定する必要があります。この2つの広告設定だけでも、インターネット経由のホームページ訪問者は増え、集客向上につなげることができるでしょう。

まずはこのように、数パターン程度の小さい範囲で試行錯誤していけば、予想外の出費を経験することなく、また必要以上の問合せを受けることなく、自力で無理のない広告運用が行えます。慣れてきて、さらなる必要性を感じてきたら、完全一致ワードのパターンを広げたり、フレーズ一致や部分一致を検討してもよいでしょう。

タイトルと説明文でわかりやすくアピール

表示される検索連動型広告には、「タイトル」と「説明文」を入れることになります。

タイトルは店舗名に加え、検索ワードに絡めた一文を入れましょう。地域名と業種名を検索ワードとしたなら、「梅田でマッサージなら○○○へ」といったタイトルが一般的になります。

説明文は、サービス内容を中心に盛り込み、読みやすさを重視して、余計な文章を入れないようにしましょう。マッサージ店であれば、「梅田駅徒歩1分、肩こり・腰の痛みなど、30分3000円～」といった内容になります。

タイトルや説明文が思い浮かばなくて困ったら、「新宿　マッサージ」などで検索し、別の地域で出している同業他店舗の広告を参考にしましょう。

広告の文字数には制限があります。必ずしも設定した文字すべてが表示されるわけではありませんが、制限ぎりぎりまで埋めるほうがよいでしょう。検索結果画面を、店舗の広告がより大きく占めることになるので、より高い効果が望めます。同じ広告費を払うのですから、看板はできるだけ大きく場所を取るようにしましょう。

7 広告代理店は入れるべきか

代理店のメリットとデメリット

インターネット広告を専業としている広告代理店に依頼し、広告を掲載してもらう方法もあります。

この場合、本章のテーマとしている検索連動型広告以外に、ディスプレイ広告やSNS広告など、さまざまな広告を代理店から提案されることでしょう。各広告の詳細を十分に理解し、予算も踏まえながら、オーナーは慎重に広告方法を選び、代理店に依頼することになります。

さて本題は「広告代理店に依頼すべきかどうか」なのですが、依頼するメリットもあれば、デメリットもあります。

広告代理店に依頼するメリットは、自分で広告を選別し設定する手間が省ける点です。また、広告代理店は広告に関する新鮮な情報を絶えず収集しているわけですから、効果的な最新の広告運用を、随時提案してくれる点も魅力となります。

ただその一方で、広告代理店とは名ばかりで、まったく効果のあがらない広告をプレゼンしてきたり、営業がとにかくしつこくうんざりするようなところもあるので、十分に警戒する必要があります。

また、広告代理店に依頼する際は手数料がかかります。付加価値に見合った効果が得られるかどうか、この点も慎重な吟味が必要となります。

私自身は、過去に広告代理店に依頼したこともありますが、現在は私のほうが代理店よりも効果的に広告を出すことができるので、自分で広告を設定掲載しています。

「地域名　業種名」と「業種名　地域名」の完全一致のみで検索連動型広告をやっていけば、片手間で、知識がさほどなくても、十分にやっていくことができます。

広告代理店に依頼して失敗したケース

かつて広告代理店に依頼して失敗した話をしておきましょう。

その代理店から提案された内容は「特定の地域に特化した広告を出しましょう」という主旨のものでした。「インフルエンザ予防接種」と検索した、特定の地域に住むユーザーに、当院の広告を見てもらおうという方針です。こちらが出せる予算を提示し、実際に広告掲載を依頼しました。

ところが、その特定の地域というのが、当院の存在する新宿近辺だけでなく、埼玉県や神奈川県にまで広げられていたのです。遠方のユーザーが、インフルエンザの予防接種を受けるために、わざわざ当院を選ぶわけがなく、来院の見込みは薄いはずです。

それにもかかわらず、埼玉県や神奈川県で検索をかけた人にも、広告が出るよう設定した理由を代理店に尋ねたところ、「予算を消化するため」だったことが発覚しました。要するに、お金が余ったため、効果の薄い地域にまで広告を仕掛けたのです。

これは完全に「代理店にしてやられたな」と感じる出来事でした。

広告代理店とはいえ、店舗の検索連動型広告に詳しくない人もいるので、注意が必要です。

自分のビジネスをいちばん知っているのは自分

「広告代理店には依頼するな」とまではいいませんが、任せきりにすると必要以上にコストがかかってしまうことも考えられるので、できる限りのことは自分たちでやるのがいいでしょう。少なくとも、最低限の知識と判断力を持った上で、広告代理店と交渉するのが望ましいです。

とはいえ、自分のビジネスを熟知しているのは、広告代理店ではなく自分自身です。広告代理店は、広告の知識こそあれど、店舗ビジネスや業界のことを熟知しているわけではありません。

必ずしも、代理店の提案する広告案と、経営している事業との相性がよいとは限らず、場合によっては逆効果になることも考えられます。

何においても、最終判断はオーナーサイドで行い、責任を持って広告運用していくべきです。店舗のスタッフに任せる場合は、退職すると最初から教え込む必要が出てくるので、長く勤めてくれそうなスタッフに任せることをおすすめします。

8　広告を出してみよう

グーグル広告にアクセス

最後にまとめとして、実際に広告を掲載する実践フローを紹介し、広告を出すまでの具体的手順を把握してもらいます。

ここでは「グーグル広告」を例として使用しますが、バージョンなどによって仕様や使い方は変わりますので、あくまで流れのイメージ把握として、参考程度に目を通してください。

グーグル広告に訪問するところからスタートです。第３章のグーグルマイビジネスで紹介した通り、グーグルアカウントを作成していれば、グーグル広告には問題なく入ることができるはずです。検索にて「グーグル広告」と入力するか、アドレス（https://ads.google.com/）を直接入力しましょう。

グーグル広告では、１つの広告のまとまりを「キャンペーン」と名づけています。さっそく広告をつくるため、「キャンペーンを作成」をクリックし、広告作成の手順にしたがって進めていきましょう。

【図表21　グーグル広告編集画面】

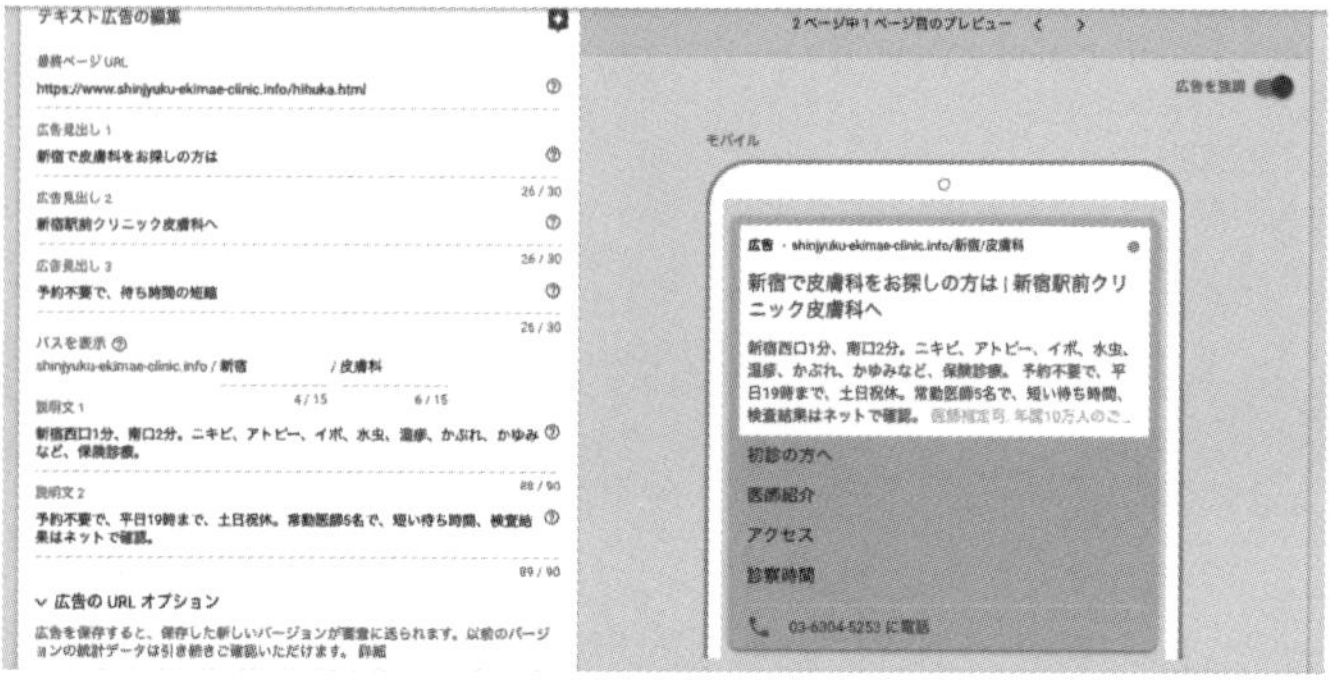

気をつけるべきことは、広告の種類は「検索」を選択すること、検索ワードは前述の通り「完全一致」にすること、広告をクリックした先のホームページのURLや、広告文に間違いがないかしっかり確認すること、などです。

以上はあくまで簡単な説明にとどめています。実際に操作していてわからないことがあれば、「グーグル広告設定」などで検索して、ほかの説明サイトを参考にするのもいいでしょう。

とにかくポイントは、恐れることなくやってみることです。

続いて紹介する予算さえミスなく入力できれば、成果がない施策に大きなコストを支払って失敗する、というようなことはないので、安心してください。

上限入札価格を決める

広告設定時にもっとも気をつけたいことは予算です。

広告に使う上限入札価格をミスなく打ち込むようにしましょう。

慣れないうちは予算は控えめに、広告を掲載するワードの数も少なめにするのが無難です。たとえば「梅田　マッサージ」と「マッサージ　梅田」の完全一致ワードで検索連動型広告を表示できるように設定、広告文なども入れ、1クリックあたりの上限入札価格を100円とし、1日の予算を1000円までとします。これなら、検索結果に表示された広告をクリックしホームページを訪れてもらったとして、たとえ上限の100円で店舗の広告が表示されたとしても、1000円分にあたる10クリックで終了となります。

ただ厳密にいうと、土地柄、大阪は広告の激戦区でもあり、「梅田　マッサージ」や「マッサージ　梅田」の広告を100円で落札できるケースは少ないかもしれません。実際にスマホで検索してみて、広告が表示されていないことが確認できたならば、上限入札価格を引き上げる必要があります。

反対に、そこまで激戦となるワードでなければ、上限入札価格100円としたところ、結局は平均単価が50円程度となることもあります。これであれば、予算1000円までのおよそ20クリック分、広告が表示される計算になります。

大事なことは、完全一致にすること、そしてそのワードは、まずは「地域名　業種名」（その逆の「業種名　地域名」）にするのを推奨します。そして予算は、まずはお試し価格的に、無理のない範囲に設定しましょう。慣れてきたら少しずつワードを増やしたり、予算を引き上げていくのが理想で

【図表22　グーグル広告の検索キーワード確認画面】

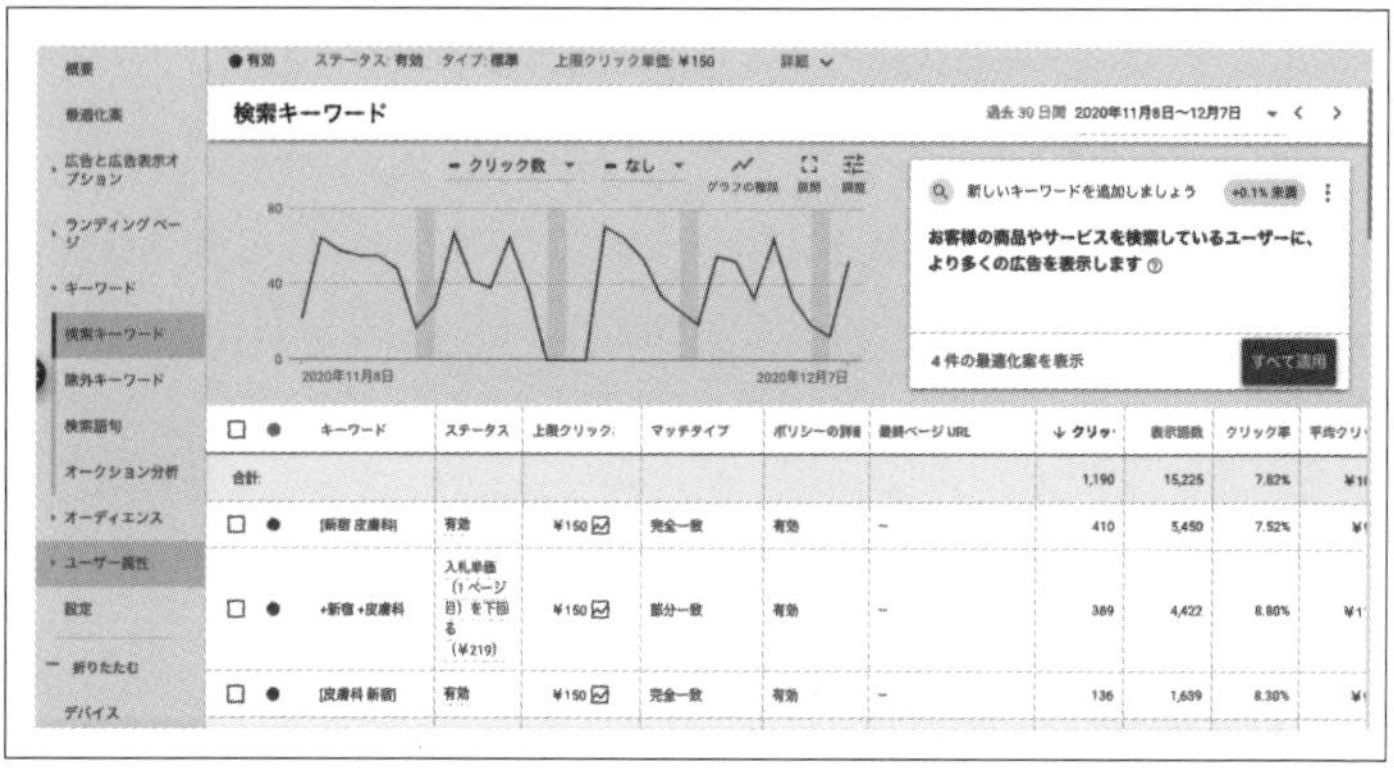

す。

営業時間外は入札価格を下げる

入札価格は時間に応じて変動させることもできます。

たとえば、営業時間中は高め、定休日や営業時間終了後は低め、あるいは0円として入札しないという運用も可能です。

たとえば、平日の営業時間外は通常の上限入札価格の70％程度に設定、さらに定休日は50％程度に設定する、というようなやり方です。

具体的には、グーグル広告内管理画面の「広告のスケジュール」から行うことができます。

グーグルマップのローカル検索でも広告は出せる

グーグルの地図アプリ「グーグルマップ」の検索結果でも、検索連動型広告を表示させることができます。

これを「グーグルローカル検索」と呼びます。

実際にグーグルマップを起動し、「地域名　業種名」でキーワード検索すると、結果画面に最上位に表示された店舗で、「広告」と添えられていることがあります。これがグーグルローカル検索で表示された広告です（図表22）。

もちろん、入札されていないキーワードの検索であれば、広告は出ません。

これを書いている２０２１年5月現在、グーグルローカル検索広告だけで広告を出すことはできず、グーグル検索連動型広告と同時に出す必要があります。また、グーグルローカル検索広告を出すには、グーグル広告アカウントと、グーグルマイビジネスを連動させる必要があります。

グーグル検索の連動型広告だけでも十分にインターネット集客の効果は得られるので、ここではグーグルローカル検索の連動型広告のくわしいやり方を説明はしませんが、興味のある方は調べてみるといいでしょう。

まずは一度実践を

以上が、検索連動型広告を出すための基本的な流れとなります。

まずは一度、実践してみて、効果測定をしてみましょう。成果は業種によってまちまちですし、ちょっとした工夫で効果が上がることも期待できます。たとえば、広告の説明文を少し変えることでも、広告のクリック率は上がることもあるでしょうし、ホームページの質を上げることで、コンバージョン率アップが見込めます。

これらデータを正しく収集できることが、インターネット集客の素晴らしい点です。広告を何度も手直しするのが面倒であれば、ある程度調整できればほぼ放置でも構いませんが、さらに効果を高めたかったり、単純に広告を出すことに興味や楽しさを感じるのであれば、定期的にグーグル広告にログインして、いろいろと施策をしてみることをおすすめします。

抜群の費用対効果を感じよう

検索連動型広告は、費用がかかりますが、あらゆる店舗集客術の中でも、もっとも即効性がある方法です。なぜなら、検索をしているということは、イコール、そのユーザーは間違いなく、検索ワードに絡んだ情報をインターネット経由で探し求めており、広告費用を支払えば、確実に広告枠に表示することができるからです。街角で何気なく目に入る看板や、ニーズのない層にも届く新聞の折り込みチラシとは、まったく次元が異なります。

業種および地域ごとに検索連動型広告における競争の激しさは異なり、競争が激しくない業種の店舗ほど、検索連動型広告の費用対効果は高くなるといえるでしょう。競争が激しくない業種においては、比較的安価で検索連動型広告が出せるのも魅力です。店舗を探している人にダイレクトに知らせることができるため、集客効果が高くなります。

店舗経営をしているのであれば、検索連動型広告を検討してください。多少の試行錯誤を繰り返しながら、抜群の費用対効果で集客が達成できる広告をつくっていってください。

第5章

大切にしたい
口コミマネジメント

1　人はなぜ口コミを投稿するのか

口コミをネガティブにとらえすぎない

店舗のインターネット集客において、多く相談される悩みの1つが、「悪い口コミをグーグルマイビジネスに書かれてしまったこと」についてです。

口コミ、あるいはレビューは、誰でも見ることができます。口コミを見る前は来店する気持ちがあった方でも、極端にレビュー平均点数が低かったり、悪い口コミが続いたりすると、どうしても来店へと至る確率が下がってしまいます。

たとえば、テレビや雑誌で紹介されていたラーメン屋が気になり行ってみようと思い、正確な場所を、グーグルマップを使って検索したとします。

結果画面にグーグルマイビジネスの店舗情報が書かれていて、ついでに寄せられている口コミも覗いてみるのは自然な流れでしょう。

その口コミには称賛する内容が多く、平均点数が高かったら、お店への期待度は高まることでしょう。逆にマイナスなレビューが多かったり、平均点数が大して高くないと感じたら、行く気を失ってしまうものです。

店舗を利用した人のうちの、ごく一部の人が、グーグルマイビジネスや口コミサイトにて口コミを投稿します。

あなたも、自分の店舗に対して口コミが寄せられているのを目撃したことがあるかもしれません。その内容がポジティブなものであるにしろ、ネガティブなものであるにしろ、店舗を利用してくださったユーザーの口コミは大切に管理したいものです。

なぜなら口コミは、今後より質の高い商品やサービスを届けるにはどうするべきか、顧客の満足度を高めるにはどういった工夫を凝らすべきか、そのヒントを、いわば無償で受け取ることができるからです。つまり、悪い口コミもネガティブにとらえるのではなく、前向きに「貴重なご意見」ととらえ、店舗のさらなる発展の素材として生かすべきなのです。

本章ではこのような、口コミに対するとらえかたや考えかた、実際に口コミをもらったときの対応の仕方について迫っていきます。

情報伝達という生存本能

そもそもなぜ、人は無償の精神で口コミを投稿し、ほかの人に共有しようと努めるのでしょうか。

グーグルマイビジネスや口コミサイトには、途切れることなく新しい口コミが投稿され、さまざまな口コミで溢れています。あなたも何かの製品やサービスを通して、口コミを投稿した経験があるかもしれません。

私たちが口コミを投稿する理由、それは、遺伝子に刻み込まれている生まれつきの「性質」があるからです。

太古の昔、男性は動物を狩りに、女性は植物を採取していました。

多くの食糧を確保するためには、「あそこに獲物がいた」とか、「向こうに木の実がなっていた」など、情報伝達の伝達がサバイバルの根幹を築いていました。

情報伝達は現在でいうまさに口コミであり、そのような口コミで情報共有していた性質を重視する人間が、生き残ることができたのです。

人間だけでなく、多くのサバイバルを勝ち抜いた生き物が、情報共有を実践しています。人間は言葉や文章で伝えますが、生物は泣き声や触覚で共有し、生き残る術を得ているのです。口コミという情報共有術がなければ、人類は生き残ることができなかったでしょう。

それでは、よい体験よりも、悪い体験が口コミされやすい理由はなぜでしょうか。

これも同じ話で、生き残るためには悪い体験のほうが貴重になるからです。

原始時代は過酷な環境でした。人間では歯が立たない獣がいたという情報や、毒の成分が入った草などの情報は、生き死にに関わることなので、悪い体験として強く記憶され、より多くの人に伝達されていったのです。

このような理由から、どうしても、美味しい食べ物や住みよい場所などのよい体験よりも、毒のあった食べ物や危険な目に遭った場所といった、悪い体験のほうが記憶に残りやすく、多くの人へと伝達されますし、ましてやよくも悪くもない「普通」の体験だったなら、記憶にも残らず忘れ去られて、誰にも伝達されることはないわけです。

オーナーが知っておきたい２つのマインド

「自分と同じような悪い体験をしてほしくない」
という人間本来の性質から、私たちは口コミ、とりわけ悪いレビューをインターネット上に書き残すのです。

店舗側が知っておきたいのは、悪いレビューをするのは、生きるために必要な行為であること、そして、店舗を利用して悪い体験をしてしまった方がいたという事実を把握しておくこと、この２つのとらえかたです。

このようなマインドを持つだけで、悪い口コミを見たときの苦痛を軽減させることができるのではないでしょうか。

少なくとも私は、そのような考えでたくさんのレビューに触れているので、いちいち一喜一憂して、心を消耗するような事態を回避することができるようになりました。

そして、１つひとつのレビューをありがたく拝見し、適切な対処をしていくという、口コミを事業の一環として、マネジメントしていく術を磨いてきました。

そのような口コミマネジメントが、結果的に店舗の気風をよくしていきますし、顧客にとってのより快適な環境を生み出す要因になるのです。

2　知っておきたい口コミの真実

多くの顧客が口コミサイトを利用する

グーグルマイビジネスの口コミ以外にも、業種によっては口コミや評判を掲載している専門ポータルサイトがあります。

たとえば医療関連の口コミサイトも、「医療　口コミ」で検索をかければ、いくつかの口コミサイトが引っかかります。

顧客は、同じ地域の同業他店舗と比較検討する上で、グーグルマイビジネスの店舗情報やホームページの内容以外にも、こういった口コミサイトの口コミや評判を調べることがあります。とくに、失敗したくない高額なサービスや商品ほど、その傾向が強く出ます。

２０１８年に消費者庁が発表した「口コミサイト・インフルエンサーマーケティングに関するアンケート結果」（三菱ＵＦＪリサーチ＆コンサルティング調べ）の報告によれば、「今までに利用したことがない商品やサービスを購入するときに、インターネット上の口コミやレビューを確認していますか」という問いに対し、「確認する」もしくは「確認することのほうが多い」と回答した割合は、80％を超えています。

それだけ誰もが商品やサービスの評判を気にしていて、口コミサイトにも頻繁に訪れていることを意味しています。

口コミ内容の傾向が、購買意欲の有無を決定付けているといっても過言ではないのです。

参考になる口コミは多い

投稿される口コミには、よいものもあれば悪いものもあります。いずれにせよ事実としてあるのは、的を得ているレビューが多く、ときに「痛いところを突かれたな」と感じることも少なくないということです。

店舗内でトップに位置する店舗オーナーは、自分では気づかないうちに、お山の大将となっているこどもあります。顧客も面と向かってはいいにくいことだから口コミを書くわけですし、従業員も、クレームを受けたとしても、雇用主には正直に伝えにくいものです。

謙虚な姿勢で、口コミを参考にして、今後の店舗経営に活かすことが何より重要です。

後ほどくわしく述べるところですが、よい口コミと悪い口コミとを問わず、返信ができる口コミサイトであればなるべく返信を心がけるようにし、口コミを参考にして強みをより強化したり、改善点を見直していくようにしましょう。

口コミサイトは、削除してもらえることもある

口コミは「一度書かれたら、インターネット上にずっと残ってしまうもの」と思っている店舗オー

ナーも多いようですが、実際のところ、明らかなマナー違反、事実と異なる名誉毀損や誹謗中傷に該当する口コミだと判断されれば、口コミサイトの運営側に削除してもらうことも可能です。

悪意のある口コミを見つけたら、サイトの問い合わせ窓口にアクセスし、削除依頼を申請しましょう。

ポイントは、怒りを抑えて、丁寧な文章で書くことを心がけ、削除理由もきちんと含めることです。こちらの真摯な思いが伝われば、運営側で速やかに対処してくれます。

グーグルマイビジネス内の口コミも、グーグルの掲げるポリシーに違反していると、グーグル側で判断されたものは削除できます。

具体的なやり方は、グーグルマイビジネス管理画面の「クチコミ」にて口コミを一覧表示、削除したい口コミのところまで行き、「不適切なクチコミとして報告」の項目を選びましょう。違反の種類を報告すれば完了です。

グーグルマイビジネスに登録していない場合は、該当するクチコミのメニューに「レビューを報告」という項目があるので、そこから削除依頼を出すことになります。グーグル側で違法性が確認されれば削除されます。

「まったく身に覚えのない悪い口コミを書かれてしまった」と落胆しても、泣き寝入りはしないでください。きちんと対処することで、口コミサイトの運営側も然るべき処置をとってくれるはずです。

3　口コミに悩まされないために

口コミの数と質

グーグルはグーグルマイビジネスでの口コミの数と質を評価しており、検索順位結果に影響を与えることがわかっています。これはグーグルの「顧客にいい体験をしてほしい」という願いに基づくものであり、利用者が多く、なおかつ利用者の満足度が高いところに、顧客を案内することが、グーグルのミッションとなっているからです。

ですから、まずはよし悪し関係なく、グーグルマイビジネスに口コミがたくさん集まるような仕組みづくりを徹底しましょう。

また、口コミが投稿される頻度も検索順位結果に関係しており、同じ口コミ数の店舗であっても、1年前で口コミの新規投稿が止まっている店よりは、1週間前に口コミが投稿されている店の方が、より上位に表示される傾向になっているようです。したがって、流れが止まることなく、続々と口コミ投稿されるような施策が望ましいということです。

よい口コミばかりの弊害

悪い口コミが寄せられると頭を抱えてしまう店舗オーナーが多いようですが、よい口コミばかり寄せられるほうが危険だと私は感じています。

なぜなら、よい口コミだらけだと、口コミを見た顧客が、過剰な期待を持って来店してしまうというリスクが考えられるからです。

「近くにある普通に美味しいラーメン店」という視点で、高評価が付けられていたとして、それを見たユーザーが遠くからわざわざ足を運びその普通の美味しさのラーメンを食べたら、どのような感想を抱くでしょうか。「わざわざ遠くから来るまでもなかった」と感じ、低評価のレビューを寄せることになってしまうかもしれません。

口コミというのは、投稿者それぞれの環境や考え方によって、その傾向に大きなギャップが生じます。利用した100人すべての顧客が、満点をつけられる店舗など存在しないのです。

ですから、悪い口コミがあっても、過剰な期待を持たせないための中和剤の役割を果たしてくれているととらえ、受け入れるような思考が適切です。

常連客に口コミ投稿を依頼し、ポジティブな口コミばかり集めるというのも、あまり推奨できません。口コミを見た人の期待値を異常に高めてしまう上に、常連への依頼が一通り行き届いてしまうと、新規の口コミ投稿にブレーキがかかってしまうからです。

常連客に口コミを頼むだけでなく、初めての顧客や、少ない頻度で利用してくださる顧客にも、口コミ投稿してもらえるような流れをつくることが肝心です。これの実践的なアイデアについては、後ほど解説します。

口コミに返信する

口コミに返信すると、口コミを寄せた顧客だけでなく、口コミのやり取りを外側から眺めている見込み客との間にも信頼感が生まれやすくなります。

接客の一環として口コミに返信する意識がポイントです。

デメリットといえば時間を割くことくらいしかなく、大きな見返りの期待できるインターネット施策なので、口コミにはできる限り返信しましょう。

いくつか寄せられている口コミの中でも、よい口コミには返信して、悪い口コミには返信しない店舗もありますが、「客を選ぶ店だ」と思われることもあり、印象を損ないかねません。短い文章でもかまわないので、非があれば謝罪して返信するのが無難です。

口コミを読んだ人は、何かトラブルがあっても、真摯に向き合い改善してくれるお店であると評価してくれます。また悪い口コミを書いた人も怒りの矛をおさめ、再度来店してくださるかもしれません。

実際、悪い口コミを書いておきながらもリピートする方は少なくなく、何回か来店するうちに口コミが変わりよい点数になることもあります。来店しなかったとしても、返信によりよい点数に変更してもらえることも少なくありません。

以上を、口コミに悩まされないための基本的な知識として、続いて悪い口コミへの具体的な対処法について説明しましょう。

4　悪い口コミへの対処法

口コミへの返信3パターン

「味がいまいちだった」
「対応が悪くて不快だった」
「長時間待たされた挙句、期待以下のサービスだった」

そのような悪い口コミをもらってしまうと、無性に腹が立ってしまったり、気持ちが大きく沈んでしまったりします。

口コミ欄をそっと閉じたくなってしまう方もいるでしょうが、悪い口コミにも、誠心誠意、できる限りの対処を行うことをおすすめします。

前述の通り、口コミへのこまめな返信が、口コミを閲覧しているユーザーにも、地図検索の順位にも、プラスの影響を与えるからです。

肝心なのは悪い口コミにどう返信するかです。

これまで私はいろいろな口コミ返信を見てきましたが、大きくはつぎの3つのパターンに分かれるようです。

1つずつ解説します。

悪手の「反論型」と「照会型」

まず、「反論型」は、謝罪することなく反論するパターンです。

「もういらっしゃらなくてけっこうです」

「当店のサービスに満足してくださるお客さまもたくさんいます。あなた好みのサービスを受けたいのでしたらほかの店に行ってください」

このような返信が「まずい」ことは、理由を説明するまでもなく、理解できると思います。冷静に反論するのならまだしも、感情的になり顧客に罵詈雑言を書き込むのは最悪です。口コミを見たユーザーは、一瞬にして心が離れていってしまうでしょう。

近ごろこのような反論型の返信は、ほとんど見かけなくなりましたが、つぎのような「照会型」の返信を意図せずしてしまい、客足を遠のかせてしまう店舗はまだまだ存在します。

「確認しましたが、そのようなお客さまはいらっしゃいませんでした。別のお店と間違われているかと存じます」

丁寧な物腰で「お店違い」を指摘した返信になります。暗に口コミが嫌がらせであることを言い含んでいるわけです。

書き込んだ人物が本当に店を間違えたかどうかは置いておいて、このような返信も、口コミを見たユーザーの心証をひどく悪くするものです。

最悪、口コミを書いた人を強く刺激してしまうことになり、「そんなことはない、この店で間違いない。自分たちの非を認めないとんでもない店」とさらなるネガティブな「返信返し」をもらおうものなら、誰も救われることのない、口コミバトルの応酬が幕を開けてしまいます。明らかに間違いは別として、ほかのユーザーにも悪印象なので、「照会型」の返信も控えましょう。

「謝罪型」が基本かつベスト

内容にかかわらず、まずは丁寧に謝罪する返信パターン。これがもっともオーソドックスかつ、最善の返信で間違いないでしょう。

反論もせず、「照会してみたところ」といった言い逃れもせず、とにかく謙虚さを貫き、謝る姿勢を見せるのが、悪い口コミへの最適な対処法になります。

謝罪としては、つぎのようなワードを盛り込むのがいいでしょう。

「感想をお寄せいただきありがとうございます」
「この度は申し訳ございませんでした」
「貴重なご意見、誠にありがとうございました」
「今後このようなことがないよう、努めてまいります」

あとはその業種やクレームの内容に応じて臨機応変にアレンジしていくことになります。

どう返信するべきか迷ったら、同業他店舗での対応を参考にするといいでしょう。いくつかの店舗の口コミを覗いてみて、悪い口コミへのよい対処例を書き留めておくと、後々重宝することにな

【図表23　口コミへの返信テンプレート】

来店への謝意	「この度は当店にご来店いただきまして、誠にありがとうございました。」
不満や不快を与えてしまったことへの謝意	「ご不快な思いをさせてしまい、たいへん申し訳ございませんでした。」
	「ご期待に添えなかったことについて、心からお詫び申し上げます。」
反省の意思や改善への意向	「○○様にいただいたご意見をスタッフ一同重く受け止め、スタッフ教育、意識改革を徹底していく所存でございます。」
	「当店スタッフも、対応の仕方について深く反省しております。スタッフ全員真摯に受け止め、改善していく所存でございます。」
	「○○様のご意見をうけまして、ご来店いただく皆様に満足していただけるよう、従業員一同取り組んでまいります。」
指摘への謝意	「この度は貴重なご意見をいただきまして、誠にありがとうございました。」

テンプレートを組み合わせて使いましょう。

ります。

ポイントとしては、あまりに丁寧な返信をしすぎて、つぎに利用するユーザーに過剰な期待を持たせてしまうことです。「うやうやしすぎは禁物」と心得て、さっぱり系な返信に寄せるのが無難です。

いくつかテンプレートも一覧で紹介しているので、こちらも参考にしてください（図表23）。

これらテンプレートを状況に応じて組み合わせて、ネガティブな口コミに対応していきましょう。ストックしておいた同業他店舗の口コミを有効活用すれば、大きな時間を割くことなく、ユーザーに不快感を与えることのない謝罪返信ができます。

5　悪い口コミで傷つかないためには

あまり気にしすぎないこと

グーグルマイビジネスや口コミサイトに、自店舗への悪い口コミが投稿されると、少なからず傷つきます。悲しくなるだけでなく、怒りがこみ上げてくる場合もあるでしょう。心が病む寸前にまで追い込まれた経営者も知り合いにいます。

グーグルマイビジネスの悪い口コミを信じてしまい、実際に利用者が減ってしまう場合も、決して珍しくありません。店舗側が反論型の返信をしたために、口コミ投稿者の感情を逆撫でしてしまい、追加で悪い口コミがつけ加えられて、口コミ上で応酬が繰り広げられるケースもあります。

どちらに非があるにせよ、そのやりとりを眺めているほかのユーザーからすれば、気持ちのよいものではありません。店を訪れる気も逸してしまうことでしょう。

悪い口コミは、実際の利用者だけでなく、競合の店舗が嫌がらせで書くこともありますし、依頼された業者が書き込むケースも確認されています。

口コミは誰が書いたのかわからないものなので、顧客が不満になったら悪い口コミを書かれるのではないかと、過剰な心配を抱いてしまい、十分なサービス提供ができなくなってしまうオーナーもいるようです。

前述したように、人間は悪い口コミをする性質がありますので、悪い口コミがあっても「気にしない」でいられる心持ちがまず重要です。

極度に落ち込んで、仕事に差し支えがあったら、スタッフや既存の顧客に迷惑をかけてしまいます。悪い口コミを気にし始めたら、負のスパイラルの始まりですので、見かけてもすぐに気持ちを切り替えられるようコントロールしましょう。

合う顧客、合わない顧客がいるのも事実です。合う顧客だけに来ていただければよいという発想も1つの正解です。

スタッフを雇っていればなおのこと、仕方がない面も多々あります。顧客から特定のスタッフに対するクレームがあったからといって、改善させることなど容易なものではないのです。

社会常識がなってないレベルまで対応が悪ければ問題だと思いますが、多くのクレームはスタッフの仕事への意欲や価値観に踏み込む本質的な部分です。社会人で、しかも一定の年齢に達した人間は、そうそう本質を変えられるものではありません。

改善できないところは仕方ないとして、引き続き愛顧にしてくださる顧客を大切にしていきましょう。

「見ない」というスタンスもアリ

「そんなこと言われても、気になってしまうのだからどうしようもない」

という方に、口コミで傷つかない最強の方法を教えましょう。

それは、「口コミを見ない」ことです。口コミは返信しないし、絶対に見ないと決めて、口コミから目を逸らし続けるのです。

口コミには返信しようと前述したばかりですが、心身を疲弊させてまで悪い口コミに対応する必要なんてありません。

これも選択の1つ、立派な口コミマネジメントです。「どうせ業者や競合が嫌がらせで書いていることだから、確認しても意味がない」と信じ込むことです。

現実から目を背けることは、恥ずかしいことではなく、人間の真っ当な防御反応の1つです。

グーグルや口コミサイトが勝手につくった口コミサービスですから、負い目を感じることはありません。

6　口コミを増やす方法

よい口コミを集めよう

グーグルマイビジネスへの口コミは、よし悪し問わず、投稿してもらうことが、地図検索結果の上位に来る要因になることは、これまで述べてきた通りです。

悪い口コミは意図せず集まるものでしょうが、そればかりではレビューの平均評価は低くなってしまいますし、レビュー内容を読んだユーザーが抱く店舗への印象は悪くなる一方です。

そこでよい口コミをたくさんもらえるような仕組みづくりが大切となるので、どのような方法があるのかをここで紹介します。口コミサイトなどでも利用できる方法ですが、ここではグーグルマイビジネスに絞った話を展開していきます。

まず前置きとして、顧客に現金や商品券といった金品を渡して、グーグルマイビジネスに口コミ投稿してもらうことは、違反行為であり、グーグルに固く禁じられていますので注意しましょう。

満足度の高い顧客への口コミ依頼方法

まずもっとも代表的な方法として、顧客に直接口コミを依頼する方法があります。

待ち時間や退店時などに、スタッフから顧客に、口コミしてもらうよう頼んだり、口コミ方法などを紹介した簡単なチラシを渡すのも効果があります。

依頼する際は必ず「当店を気に入ってくださったのなら、ぜひ感想をお寄せください」「よい点や気に入った点を口コミに投稿してください」など、よい口コミだけが集まるような言い回しを心がけましょう。ただ単に「口コミをお願いします」と頼んだだけだと、よい点に加えて悪かった点も投稿されることもあり、施策としてはあまり歓迎できません。

また、全員に一律で依頼するよりは、満足している可能性の高いリピーター客に絞って声かけすることで、よりよい口コミが集まりやすくなります。

間接的なやり方としては、顧客の目につく場所、たとえば出入り口や待合室、レジやお手洗いなどに、口コミ依頼の旨を記載したチラシやポップを掲示するという方法があります。

このときに、より気軽に口コミが寄せられるよう、口コミできる場所へスムーズに案内できる導線が引けるとより心強いです。ＱＲコードという、スマホでスキャンするだけで目的のURLへ簡単にアクセスできるツールがあるので、これを活用するといいでしょう。

口コミ投稿するためのアドレス（URL）は、グーグルマイビジネスの「クチコミ」内にある、「プロフィールを共有」あるいは点と線でつながれたデザインの「共有アイコン」から、取得ができます。あとはＱＲコード作成ツールで取得したURLをコード化し、チラシやポップなどへ印刷します。

やや技術的な要素が強いので、実践してみたいけれどパソコン作業が苦手だという方は、得意な知り合いに頼むといいでしょう。

インターネット集客ツールの1つであるSNSを利用して、口コミを集める方法もあります。方法は簡単で、ツイッターやラインなどでつながっている顧客に、口コミを依頼すればいいだけです。

以上が代表的な口コミの集めかたです。ほかにもいろいろな方法が考えられるでしょうが、そもそも口コミを依頼したとしてもきちんと書いてくれる人は本当に一握りなので、手広くこれら施策をやる必要はないかなというのが私の思うところです。

どこでもいつでも「口コミをお願いします」と押しつけるのも、かえって顧客の印象を悪くしてしまいますし、押しつけがましくない程度に、適度に控えめに口コミ依頼を出すようにしましょう。

よい口コミへの返信方法

よい口コミに返信する際は、お礼の言葉はもちろん、つぎのような要素も盛り込みましょう。

まず1つは、評価してもらった点についても重ねてお礼を伝えるとともに、こちらからもサービス内容について解説し、返信を読んでいるユーザーに向けて店舗の特徴をアピールするようにしましょう。

たとえば当院では「予約なしでもすぐに案内してもらえた」「待ち時間ほとんどなく診察できた」というポジティブな口コミをよくいただきます。このような口コミに対して、「忙しい方でもおかかりになれるよう、常勤医師5名体制で、できるだけお待たせしない診療を目指しております」といったように、当院の強みを返信に織り交ぜるようにしています。

スタッフの対応を褒める口コミがあった場合は、その旨を店舗内で共有し、「当該のスタッフにも伝えたところ、とても喜んでいました」といった返信を添えることで、より店舗に対して親近感を抱いてもらえ、新規顧客の獲得やリピート率向上へとつなげることができます。

口コミの最後のほうで、別の強みをアピールするのも効果的です。たとえば治療に来た方の高評価の口コミに対して、「予防にも対応しておりますので、またお気軽にご来院ください」などと返信する方法です。

口コミによってはレビューの星の数だけを投稿し、コメントを一切記入していないものもあります。こういった口コミに対してもお礼や「またのご来店をお待ちしています」といった返信を添えておくといいでしょう。低評価のコメントなしレビューに対しても、謝罪の言葉や「お気に召さないところございましたでしょうか」といった返信をしておくことで、印象悪化を回避することができます。

口コミは店舗の質向上への近道

最後に改めて、口コミのありがたさ、素晴らしさについて述べておきます。

口コミは、ポジティブな内容であれ、ネガティブな内容であれ、たいへん参考になります。わざわざ調査会社に依頼して顧客のアンケートを集める大手企業もあるくらいですから、口コミというのは非常に価値の高い、店舗の質を高めていくための重要な材料なのです。

そんな価値ある口コミを気軽に集積できるようにしてくれたグーグルマイビジネスは、店舗側にとってみれば「こんな素晴らしいツールが無料で利用できるなんて」と驚くことばかりです。

悪い口コミが来たら、改善のために動くよう努めます。改善のしようもない、難癖つけたような口コミであっても、丁寧な返信を心がければ、やり取りを見たユーザーにとっては評価上昇につながります。よい口コミが来たら、当然ユーザーに好印象を与え、大きな宣伝効果をもたらします。ときには、これまで気づかなかった店舗の新たな強みの発見にもつながります。悪い口コミに悩まされることも多々あるでしょうが、店舗の質向上に直結するものなので、心身に支障を来さない限りは、本章で紹介したような口コミ対策は積極的に行うようにしてください。

第6章

こんな業者にご注意を

1　インターネット関連業者からのよくある提案とリスク

実例を交えて紹介

店舗経営をしていく中で、インターネット関連事業を営む企業から営業を受けることは頻繁にあります。私自身、知り合いの経営者から「こんな業者が営業をかけてきた」「営業を受けたが、いいところかどうか悩んでいる」という相談を受けます。

本書の最終章として、こういったインターネット業者について気をつけたいことを、私の実体験や見聞きしたケースを交えつつ、紹介します。

まずはインターネット関連業者からのよくある提案について、実態とそのリスクについて話します。

「検索上位表示させませんか？」

「ホームページを検索上位表示させませんか？」という提案は昔からインターネット業者からよく受ける提案の1つです。

これはつまりSEO施策、検索結果の自然検索枠で上位表示を目指す提案ということです。

以前は本当に頻繁にこのような営業の電話やメールが後を断ちませんでしたが、近年は生半可なテクニックでは上位表示が難しくなり、また地図検索で上位表示させる（MEO）ことがインターネット集客において重要性を増してきたこともあり、多くのSEO会社は事業変更を余儀なくされている模様です。

あまりに効果が上がらない昨今の傾向から、苦肉の策として、ハイリスクな施策を提案してくるSEO業者もいます。ガイドラインに違反している場合は、ペナルティーを受けてしまうこともあります。その被害は店舗が全面的に受けることになり、いいことが1つもありません。

つまり、「地域名　業種名」で上位表示することを目標にしている店舗側にとってはハイリスクローリターン傾向にあるので、積極的に受けるべきではありません。

自然検索上位表示については、第2章で紹介した最低限のことが実践できていれば十分です。

それよりも力を入れるべきは第3章で紹介したグーグルマイビジネスです。

「MEO対策しませんか？」

地図検索で上位表示を目指す「MEO対策しませんか？」という提案は、言い換えるならば「グーグルマイビジネスの効果的な設定や更新をこちらで受け持ちます」という意味合いになります。

少し前まではこのMEOというのは非常に効果的で、施策を行うことで本当に地図検索上位表示を達成できていたのですが、グーグルがアップデートを重ねていった結果、年々対策することは難しくなっています。

すなわち、健全な経営をしていて、ユーザーからの評判も高い店舗が、きちんと上位表示される傾向にあります。SEOと同様、生半可なテクニックは通用しなくなっているのです。

悪質な業者だと、「MEO対策します」といっておいて、グーグルマイビジネスの設定画面からカテゴリーや説明文を少々追加した程度で、あとは何もせず放置しているケースも報告されています。「具体的にどのようなMEO対策をしていますか」と尋ねても、「企業秘密のためお答えすることができません」という返事を返してくるようなところは、気をつけるべきです。放置しているだけか、あるいはガイドライン違反のことをやっている可能性があります。

中にはグーグルマイビジネス内の設定にて、店舗のタイトル名を検索しやすいものに変える業者もいるようです。これは、第3章でも触れた通り、明らかな違反行為です。最悪の場合、グーグルマイビジネスの店舗ページが削除されてしまうこともあります。

再申請によってまた設定できるケースもありますが、ゼロからの登録となってしまったら、グーグルマップ上に蓄積されていたデータはすべてリセットです。せっかく積み上げてきた情報やクチコミや信頼も無駄となるので、非常にリスクが高い施策です。

MEO、グーグルマイビジネスの管理は、店舗側だけでも十分にやっていけるものです。業者から営業されても、依頼するのはやめておきましょう。

「インターネットの専門家が言っているのだから、間違いないだろう」「よくわからないが、とりあえず任せてみよう」といった安易な判断は、後々大きなトラブルとなりかねません。

「ウェブ媒体に広告を有料掲載しませんか？」

ウェブ媒体に広告を掲載する提案も受けることがあります。

医療ウェブサイトから広告掲載の提案を受けた知り合いの院長が、私に相談に来たことがあります。

そのときのケースでは、掲載するには月額10万円の費用がかかり、最低半年間は継続しなければいけない契約のため、いきなり60万円もの広告費が取られるものでした。

そのウェブ媒体についてくわしく調べたところ、さほどページビュー数の稼げていないサイトであることが発覚しました。つまり、広告を見てくれる人自体が少なく、費用に見合った集患が期待できないことがわかったのです。私は「契約しないほうがいいです」と止めました。

掲載してもほとんど効果が期待できないのに、あたかも顧客が増えるような触れ込みの業者の提案に、辟易する出来事でした。

ある大手メディアサイトに有料掲載したことがあるのですが、こちらは効果がありました。ただそれは最初のうちだけで、徐々に有料掲載する店舗が増えるにつれて、店舗間での競争が激しくなり、費用対効果が悪化してきました。

契約を解消しようと思っていた矢先、つぎなるプランとして営業員が出してきたのは、さらに高額なプランでした。つまり店舗間で競わせて、より高い広告費を出した業者の広告を優先的に出そうとしたのです。

こうなってくると、もはや費用対効果は最悪と考えるべきで、業者の格好のカモにされるだけです。

「弊社の新しいサービスはいかがですか？」

たとえば新しいグーグルのサービスがリリースされると、それに適応した対策プランを構築した業者からの営業合戦が始まります。グーグルマイビジネスがリリースされた当時も、MEO 対策業者の営業が一気に増えていました。

リリース当初はどこも他社を出し抜こうと必死に技術を磨いているところなので、提案を受け入れ契約することで、大きな効果が望めるかもしれません。よく吟味し、値段と相談してから、契約を決めるべきです。

しかし MEO 対策を筆頭とした、過去のさまざまなサービスが物語るように、一時的な効果しか得られないことがほとんどなので、逐一チェックは行い、効果が薄れてきたら契約を取りやめるのも一考です。

契約しているホームページ制作管理会社からも、「このような新しいサービスをリリースしたのですが、いかがでしょうか」といった営業を受けることもあります。効果が期待できそうであれば前向きに検討するべきですが、導入後任せきりにするのではなく、店舗側も定期的に効果をチェックするようにしましょう。

また、ほかのホームページ制作管理会社から「ホームページをリニューアルしませんか」という営業を受けることもあります。

ホームページのリニューアルは、提案されるデザインなどに魅力を感じることは多々ありますが、ホームページはデザイン以外にも大事なことがあります。

また、場合によっては、リニューアルして逆にホームページ経由の新規顧客の来店数が減ってしまうケースもあります。

リニューアルは、現状のホームページの質がよほど低かったり、あるいは委託している業者が信用できないなど、現状に満足できていないときの選択肢とするのが無難です。

いずれにしろ、新サービスを取り入れる際は、必ず内的なデータを重視しましょう。表向きだけで判断するのはご法度です。

2　口先だけの営業員には警戒しよう

ビッグマウスで知識不足

「しつこいくらいの営業を受けている」

「営業員の話が正しいのか正しくないのかわからない」

という相談を店舗オーナーから受けることがあります。

営業員は基本、ビッグマウスで、自社のサービスを大げさに表現し、できるだけ契約をたくさん取ろうと必死です。場合によっては、契約さえ取れれば「あとのことは知りません」と言わんがごとく、まったくサポート対応してくれないところもあります。

営業員は、店舗側がインターネットの知識に乏しいことを逆手にとって、口八丁手八丁で営業を仕掛けてきます。

店舗側は彼らのいっていることを真に受けてはいけません。

本当のところをいえば、営業先を回ることが仕事である彼ら営業員でさえ、インターネットの知識は偏っており、まして店舗ビジネスの経営にも関わっていないため、店舗側の気持ちや希望を汲めていないことも少なくありません。

実際に私はインターネットに関する知識をたくさん集めているので、専門的なことを彼ら営業員に、実力試しとして尋ねることがあります。答えられないレベルになると、彼らは決まって「そこは企業秘密ですので」といったことをいって濁そうとします。

この点から、店舗側も最低限の知識が必要ということです。オーナー自身に知識がなくても、身近にくわしい人や調べる技術を身につけている人をおいて置きましょう。

彼ら営業員にも、騙そうという意図があるわけではないのですが、営業成績を上げるために、詐欺にならない程度に、さまざまな手法を駆使して勧誘しようとします。

もちろん、中には効果の期待できる商品やサービスもあるでしょうから、話を聞く姿勢は大事です。ただ彼らのビッグマウスは信頼しないほうがいいでしょう。

たとえば「必ず上位表示します！」のように、断言口調で約束する業者は怪しくて逆に警戒したくなります。上位表示できるかどうかはグーグルのみぞ知る世界です。極端な話、「できるだけ上位表示するよう尽くしますが、やってみないと本当にできるかどうかはわかりません」くらいの、控えめな答えができる営業こそが、誠実な対応といえます。

本書で一貫して述べている通り、判断材料にすべきなのは営業トークではなくデータです。営業員の発言に対して、「本当なのか、データを見せてください」と資料提供を求めることは、将来にわたって関係を築くビジネスパートナーの間柄なのですから、当然のことです。これに対してまたも言葉を濁されたり、あるいは渡された資料データが大したものでなかったら、その業者に依頼しないほうが安全といえるでしょう。

数字アピールばかりにも注意

データがすべてとはいうものの、数字ばかり気にするのも注意が必要です。

数字アピールの激しい業者も中にはいるのですが、いいところの数字だけ拾って大々的にアピールして、都合の悪い数字は隠すところもあるからです。

ある口コミサイトの、有料掲載サービスの営業を受けたことがあります。その口コミサイトのアピール材料はプレビュー数で、業界内でもトップのアクセス数を誇っていました。

有料掲載サービスを利用すれば、自店舗へのリンクがたくさん設置され、口コミサイトの自店舗ページへのアクセスがアップし、来店者数も上昇するというのです。

このサービスの疑問点は、有料掲載したことによる費用対効果が計測しにくい点でした。

口コミサイトは確かにプレビュー数が多く、信頼度の高いサイトなので、自店舗の情報が表示されることの効果はある程度見込めることでしょう。

しかし一方で、信頼度の高さゆえに、口コミサイトはさまざまなワードで上位表示されます。たとえば「地域名　業種名」はもちろんのこと、「店名　評判」「店名　口コミ」といった、自店舗のワードを直接入力して検索にかけた人も、訪れることになります。

つまり「自店舗を知らないユーザー」だけでなく、「自店舗をすでに知っているユーザー」にも広告表示されることとなり、広告の効果がどれだけのものなのかが把握しづらいのです。

また、飲食や美容系の口コミサイトだと、店舗の予約をするためにリピーターが訪問することが多々あるため、余計に計測しづらくなっています。

「広告を見て初めて自店舗を知り、来店してくれたユーザー」の詳細なデータを提示してくれる業者ならばいいのですが、なかなかそこまで細かいデータを出してくれるところはありません。

このような理由から、数字として出せていても、正しく効果が吟味できない施策については、お金を払ってまでやる意味はないといえます。

信頼できるデータが提示されているときのみ、お金を出して依頼するようにしましょう。

3　振り込め詐欺レベルの悪質業者もいる

電話の営業は常に警戒を

私の医院にも、インターネット集客関連の電話やメールでの営業がよくあります。メールであれば無視すればそれで済むのですが、電話の営業だとやり取りせざるを得ず、なかには非常に勧誘のしつこいものもあり閉口します。

しかもときには、振り込め詐欺ではないかというくらい、ぼったくりといっても差し支えないような営業もあります。

「いま契約していただければ、この施策で素晴らしい集客が達成できますよ！」と、明らかに怪しいような文句で営業してくるのですが、「こういった営業でも、世の中引っかかってしまうオーナーの方もいらっしゃるのだろう」と思うと悲しい気持ちになります。

患者さんや取引先からの電話のこともあるので、スタッフたちも出ないわけにはいかず、とにかく営業の電話には参ります。

インターネット集客関連の、電話での営業については、基本的にはどれも費用に見合わない施策であると思って差し支えありません。

なぜなら、効果的なインターネット集客のノウハウを集積している業者であれば、その会社自身が、わざわざ電話営業する必要などないはずだからです。

自作自演で儲ける業者

「そんなに悪い営業、悪い業者ばかりではないでしょう」と感じるかもしれません。確かにその通りですが、だからといってみんな良心的な業者だと思って、友好的に接してしまうのはたいへん危険です。

基本的には「業者はこちらの懐しか期待していない」、「1円でも多くむしり取ろうと目論んでいる」というくらいの気持ちで対応したほうが、後々痛い経験をせずに済む最善策です。

「こんな悪質な業者もいるのか」と業者に対する警戒心を強めたくなる、1つの実例を紹介しましょう。

グーグルマイビジネスの口コミを、代行で削除するサービスを提供する会社を知っています。

「そちらのお店にマイナスの口コミが寄せられていますが、こちらに任せていただければ、○万円で削除できます」

一見、店舗に寄せられている低評価をなかったことにできる魅惑のサービスに思えますが、だいたいが高額で、必ずしも削除されるとも限らないので、利用して得をするサービスとはいえません。

しかも、このマイナスの口コミこそが、その業者が自ら書き込んだものである、というケースもあるようです。

つまりカラクリは非常にシンプルで、業者は自ら、営業予定の店舗に悪い口コミをし、その店舗に「削除代行しますよ」と営業をかけ、売上を得ようという魂胆なのです。

営業を断ると、数日後にその悪い口コミが自然に消えるといった現象が報告されています。自作自演であることの何よりもの証明でしょう。

ときには悪い口コミをそのまま残して去っていく業者もいるようで、非常に悪質であるといえます。

広告が適切に消費されず損した失敗事例

いま紹介した例は非常に悪質ですが、当初は悪意はなくても、結果的に店舗へ大きな損害を与えてしまう例もあります。私が実際に体験した例を紹介しましょう。

広告代理店の中には、「どうせ広告費をどう使ったかなんてわからないだろう」と、適当な分配で広告予算を消化しているケースもあります。

ある依頼先では、検索連動型広告で予算が消化し切れないという判断から、こちらへの確認許可なしに、もう1つのリスティング広告であるディスプレイ広告にも手を出しました。

ディスプレイ広告経由でホームページを訪れる人はいるのですが、属性的にそのほとんどが来院の見込みのないユーザーで、お金をドブに捨てているような施策となってしまいました。

私が知識を持ち、自分で定期的にチェックをしていたから、気づけたものの、もし任せきりにしていたら、その後もずっと広告費を無駄に払い続けることになっていたことでしょう。

ほかにも、検索連動型広告の掲載にあたって、なかなかグーグルの審査が通らず、広告費が消化できない状態が続く事態がありました。これは完全に広告代理店の技術が足りなかったせいです。

結局、広告掲載は叶わず、前払いした広告費を返してもらおうと連絡したのですが、その後返事がもらえず、音信不通になってしまいました。

このような悪質な業者ばかりではないのは確かですが、悪意を持った業者が減らない現状がありますので、常に警戒心を持って業者と接しましょう。

4 「怪しい」と感じたら手を出さない

問題は店舗側の知識不足

本章では、注意警戒したい業者の特徴を、実例を交えて紹介します。

一言でいってしまえば、コミュニケーションをとっていく中で「怪しい」と感じるところがあったら、その業者とは契約しないことをおすすめします。

ここで問題となるのは、オーナー自身が「怪しい」と感じるくらいの知識や経験がないことで、危険な業者の餌食になってしまうケースが後を絶たないことです。

店舗オーナー自身がインターネット集客の施策についてくわしくなかったために、営業トークを真に受けて過剰な期待を抱き、予想していた結果が出ないためにトラブルになることもあります。

営業側のビッグマウスによるものが根本の原因ではありますが、店舗側に知識がない点も、問題といえば問題です。

「騙された」と後から騒ぎ立てたとしても、後の祭りで、泣き寝入りしなければならないこともあります。そのような悲しい結末を迎えないためにも、オーナーもある程度の知識を仕入れておき、「怪しい」と感じられる判断基準を持てるようになるべきでしょう。

店舗オーナーに必要な真の能力

もちろんオーナーは店舗のマネジメントで忙しい身ですから、インターネット集客の知識を仕入れる余裕がないことも多いでしょう。

そこで、知識に乏しく、業者からの提案に悩んだら、インターネットサービスにくわしい人に相談するのが、もっとも理想的な対策法となります。

インターネット集客を専業としているコンサルタントでなくても、委託しているホームページ制作管理会社などの担当者も、相談すれば親身になって答えてくれるはずです。

また、身近にいるインターネットにくわしい人に尋ねることでも、ある程度の知識と判断材料は仕入れられるはずです。

私もよく店舗オーナーから相談を受けるのですが、少し話を聞くだけでだいたいはわかるので、的確なアドバイスを行えています。

このようなアドバイザーが身近にいるかどうかで、インターネット集客の効果も大きく変わってくると思います。

お金のことを税理士に任せるように、契約関連のことを弁護士や司法書士に任せるように、インターネット関連のことを相談できる人を身近に置いておくことで、煩雑な作業を回避しながら、効果の高いインターネット集客だけに力を注いで、店舗経営をより上向かせることができます。

このような発想を持って、インターネット集客の最低限の知識を蓄えつつ、頼もしいアドバイザーを招き入れる力が、今後ますます発展していく情報社会では、店舗オーナーに必要な能力となってくるでしょう。

豊富な知識を持つ適切なアドバイザーが身近にいなかったとしても、本章で紹介したような悪質な業者にはくれぐれも引っかからないよう、なんでも相談できる頼もしい仲間はつくっておきましょう。私自身、いろいろなオーナーから相談を受けていますが、営業を受けているサービスのコンテンツについてはほとんど理解せず、営業員の人柄が気に入っているがために、契約を悩んでいたり、あるいはその場の勢いで契約してしまったというオーナーをたくさん見聞きしてきました。

営業トークのみを信じて契約を決めるのではなく、サービス内容で契約を決められるよう、冷静な判断を下してくれる人が身近にいると心強いものです。オーナーはお山の大将になりがちなので、自覚がなくても、よき相談相手は見つけておくことをおすすめします。

おわりに

インターネット集客のポイントは、自分たちが「これならやれる」と感じた、店舗にとって相性のよい、効果の高い施策を、集中的に行うことです。

自分たちがやるには、知識的にも技術的にも、そして時間的にも厳しいことを、無理してやる必要は決してありません。また、効果が薄い施策をせっせとこなすことも、無意味なのでやる必要はありません。

たとえば私であれば、口コミ返信が大切であると感じており、また地道な返信に時間を捧げることを苦に感じないタイプなので、口コミ返信を丁寧にしています。

しかし人によっては、口コミが非常に苦痛であるかもしれません。そういう方は、口コミの返信を行わず、ホームページの更新やグーグルマイビジネスによる情報発信など、ほかの効果が高いインターネット集客に集中すればいいわけです。

とにかく、「やらなければ」という強迫観念に襲われることなく、無理なくできることだけに絞って、インターネットを使った店舗の宣伝活動に専念するようにしましょう。

もし、本書を読み進めていくにあたって、「ここについてもっとくわしく知りたい」と興味を持ったことがあれば、ぜひさらに詳細な説明を展開している本を手に取ったり、インターネットで検索にかけてみてください。

「はじめに」でも書いたとおり、本書で触れていることは、インターネット集客術の初級編、さわりの部分です。中級者向け、そして上級者向けの情報とテクニックを吸収していくことで、さらに効果的なインターネット集客を達成することができるので、興味を持ったところから攻めていくことをおすすめします。

今後、スマホの重要度はますます上がり、集客術全体におけるインターネットの占める割合も、上昇の一途となることは間違いありません。より効果的なインターネット集客法も、新たに誕生することがあるかもしれません。

そのような目まぐるしい市場の変革の中で、速やかに新しい情報を収集でき、効果的かどうかを判断でき、正しく実践できるかは、現状でどれだけインターネットでの施策に慣れており、新しいことに対する耐性を持てているかにもかかっています。

ですから、ここで紹介した最低限のことについて、ぜひ一度は挑戦してみてください。

私は新宿駅前クリニックの経営以外にも、クリニック経営のコンサルティングや店舗の集客コンサルティングも無償でおこなっています。

店舗オーナーでネット集客について相談したい方は、メールもしくはフェイスブックのメッセージにて、ご連絡ください。

趣味の範囲内になりますが、新宿にある常連の居酒屋などで、軽くお酒を飲みながら無償で相談に乗ることもあります。

また、私のホームページでも情報発信をしておりますので、ぜひご覧ください。
最後に改めて、本書をきっかけにインターネット集客を実践されて、皆さまの店舗ビジネスが繁盛されることを願いながら、本書の執筆を終わります。ありがとうございました。

参考文献

永友一朗『Google マイビジネス集客の王道～ Google マップから「来店」を生み出す最強ツール』（技術評論社、２０１９年）

蓮池林太郎メールアドレス
catdog8461@gmail.com
蓮池林太郎フェイスブック
https://m.facebook.com/rintaro.hasuike
友達申請して、メッセージをつけてお問い合わせください。
蓮池林太郎公式ホームページ
https://www.hasuikerintaro.com
新宿駅前クリニックホームページ
https://www.shinjyuku-ekimae-clinic.info

著者略歴

蓮池　林太郎（はすいけ　りんたろう）

1981 年生まれ。5 児の父。医師、作家。新宿駅前クリニック院長。
グーグル検索やグーグルマップ検索のアルゴリズムを研究し、店舗集客（SEO、MEO）のコンサルティングを行う。
著書に『競合と差がつくクリニックの経営戦略－ Google を活用した集患メソッド』（日本医療企画）、『患者に選ばれるクリニック－クリニック経営ガイドライン』（合同フォレスト）、『なぜ、あなたは結婚できないのか－医者が教える幸せな結婚』『医者が教える病院・医者の選び方』『新型コロナを乗り越える』『これからの時代の幸せな生き方』（いずれもセルバ出版）がある。

著者メールアドレス
catdog8461@gmail.com

著者フェイスブック
https://m.facebook.com/rintaro.hasuike
友達申請して、メッセージをつけてお問い合わせください。

蓮池林太郎公式ホームページ
https://www.hasuikerintaro.com

新宿駅前クリニックホームページ
https://www.shinjyuku-ekimae-clinic.info

Google店舗集客ガイドブック

2021年 6 月24日　初版発行　　2023年 5 月29日　第 3刷発行

著　者　蓮池　林太郎　© Rintaro Hasuike

発行人　森　忠順

発行所　株式会社 セルバ出版
〒 113-0034
東京都文京区湯島 1 丁目 12 番 6 号 高関ビル 5 B
☎ 03（5812）1178　FAX 03（5812）1188
https://seluba.co.jp/

発　売　株式会社 三省堂書店／創英社
〒 101-0051
東京都千代田区神田神保町 1 丁目 1 番地
☎ 03（3291）2295　FAX 03（3292）7687

印刷・製本　株式会社 丸井工文社

Printed in JAPAN
ISBN978-4-86367-665-7